Stephanie Naki

Mini-Kurs für Kita-Kinder:

Stifthaltung

8 fertige Lernabenteuer auf dem Piratenschiff

Verlag an der Ruhr

Impressum

Titel
Mini-Kurs für Kita-Kinder: Stifthaltung
8 fertige Lernabenteuer auf dem Piratenschiff

Autorin
Stephanie Naki

Umschlagmotive
Foto: Stephanie Naki; Pirat*innen: © KanKhem – Shutterstock.com

Fotos im Innenteil
Pirat*innen: © KanKhem – Shutterstock.com

Illustrationen
Dorothee Wolters; Pirat*innen: © KanKhem – Shutterstock.com

Druck
Athesia Druck GmbH, Bozen, IT

Verlag an der Ruhr
Mülheim an der Ruhr
www.verlagruhr.de

Geeignet für Kinder von 4–7 Jahren

ISBN 978-3-8346-6586-7

Inhaltsverzeichnis

Einleitung 4

- Ein paar Worte vorab 4
- Hintergrundwissen Grafomotorik 5

Ablauf des Mini-Kurses 9

1. Lerneinheit: Erfassung der Voraussetzungen 11
2. Lerneinheit: Horizontale Linienführung 16
3. Lerneinheit: Vertikale Linienführung 19
4. Lerneinheit: Freies Schlaufenfahren 23
5. Lerneinheit: Das Umfahren von Seeungeheuern 27
6. Lerneinheit: Den Schatz nicht verlieren 32
7. Lerneinheit: Schöne Spuren hinterlassen 36
8. Lerneinheit: Ein Blick zurück 40

Literaturverzeichnis und Medientipps 48

Ein paar Worte vorab

Viele Kita-Kinder malen gern oder sind stolz, erste Buchstaben „schreiben“ zu können. Von den **ersten Spuren auf dem Papier** bis hin zum **Schreiben in der Schule** ist es ein langer Weg, bei dem die Kinder viele Stunden Stifte in der Hand gehalten haben. Ich arbeite als Schulische Heilpädagogin in der Schweiz auch in Kitas. Dort kann ich beobachten, dass Kinder mit **niedrigen grafomotorischen Fertigkeiten in jeder Altersgruppe** anzutreffen sind. Durch unterschiedliche Übungen lassen sich die grafomotorischen Fähigkeiten sichtbar verbessern.

Der vorliegende Schreiblehrgang, den Sie in einer vollständig überarbeiteten und aktualisierten Neuauflage in den Händen halten, hat über die Jahre hinweg keinesfalls an Beliebtheit verloren. Im Gegenteil: Er hat sich bewährt und wird nach wie vor begeistert von Fachpersonal in Kitas, Psychomotoriktherapeut*innen[1] und Schulischen Heilpädagog*innen angewendet. Dies liegt hauptsätzlich daran, dass die Kinder mithilfe der Lerneinheiten **spielerisch zu einer idealen Stifthaltung** gelangen. Durch die **vielfältigen spielerischen Grafomotorikübungen** gelingt es, die Fähigkeiten der Kinder zu verbessern und neue Fertigkeiten zu erlangen. In den hier vorliegenden Lerneinheiten zur Grafomotorik werden die wichtigsten Punkte einer guten Stifthaltung berücksichtigt und in einem **einheitlichen, spannenden Thema** aufbereitet, das seit Jahren von zahlreichen Fachpersonen sowie von den Kindern mit Freude umgesetzt wird.

Im Jahr 2016 vermied eines meiner integrierten Kinder, dass ich in einer Kita betreute, beim Zeichnen das Überkreuzen von Linien. So entwickelte ich für diesen Jungen ein Programm mit einem **theoriegeleiteten Aufbau**. Die ersten Übungen bestanden darin, dass er mit dem Stift eine Büroklammer über das Blatt führte. Ein systematischer Aufbau war bei seiner Beeinträchtigung von großem Vorteil. Und damit ich eine ganze Kindergruppe für das Programm begeistern konnte, das sich über mehrere Wochen verteilte, entwickelte ich „Meine drei Pirat*innen“.

Von Jahr zu Jahr verbesserte ich das Programm, das die theoretischen Hintergründe der Grafomotorik berücksichtigt. Das Kollegium, Praktikant*innen in der Kita und auch meine Studierenden interessierten sich zunehmend dafür und so verschriftlichte ich neben den Zielen der einzelnen Einheiten auch die Beschreibung der Übungen. So entstand der vorliegende Mini-Kurs zur Stifthaltung.

Mit Kindern spielerische Programme durchzuführen, die schrittweise aufgebaut sind, hat nicht nur **langfristigen Erfolg**, sondern **motiviert die Kinder** und die Erzieher*innen. Das bedeutet: mehr Freude bei der Arbeit und mehr Freude beim Lernen ohne Verlust an Qualität!

Ich danke allen Kindern, die mir als Schulische Heilpädagogin und als Autorin dieses Mini-Kurses so viel Freude und Motivation beim Lernen entgegenbringen. Und ich danke meinem Mann, der mich bei meiner Autorinnenarbeit nahezu täglich unterstützt.

Viel Spaß auf dem Piratenschiff wünscht Ihnen

Stephanie Naki
Zürich, November 2023

Alle Kopiervorlagen und einen Piratensong als Audioaufnahme finden Sie im Download. (Weitere Informationen auf S. 11)

[1] Der Verlag an der Ruhr legt großen Wert auf eine geschlechtergerechte und inklusive Sprache. Daher nutzen wir neutrale Formulierungen oder das Gendersternchen, um alle Menschen, unabhängig von Geschlecht oder Geschlechtsidentität, einzuschließen.

Hintergrundwissen Grafomotorik

Da es sich beim vorliegenden Mini-Kurs um ein Praxisbuch handelt, halte ich den theoretischen Hintergrund knapp. Dennoch ist es wichtig, dass Sie sich vorab einige Grundlagen der Grafomotorik bewusst machen. Für eine vertiefte Auseinandersetzung mit diesem Thema finden Sie im Literaturverzeichnis und in den Medientipps (S. 48) empfehlenswerte Fachliteratur.

Grafomotorik ist ein Bereich der Feinmotorik und bedeutet die Produktion von grafischen Zeichen mittels der Hand und einem Schreibgerät auf einem Untergrund. Sie ist die motorische Voraussetzung für ein schnelleres Schreiben im Schulalter. Damit sich die Grafomotorik entwickeln kann, sind die **Funktionen des gesamten Schreibarms** (Beweglichkeit, Feinmotorik, Stifthaltung), **die visuelle Wahrnehmung sowie die Koordination** nötig. Erst das Zusammenspiel dieser Funktionen ermöglicht dem Kind eine gute Entwicklung der Handschrift. Eine Erziehung zur Selbstständigkeit prägt ein Kind darin, ob es mehr oder weniger Handgeschicklichkeit entwickeln kann (vgl. Pauli/Kisch, 2019, 39). Kinder brauchen Anregung und Unterstützung im Elternhaus, Kindergarten, Freundeskreis und in der Freizeit. So spielen **emotionale und soziale Aspekte** für die Entwicklung der Grafomotorik auch eine wichtige Rolle.

Im Kleinkindalter und in der Kita bahnen Bewegungsspiele die Grafomotorik an. Zugleich fördern Schwungübungen und das allgemeine Zeichnen das zukünftige Schreiben. Damit das Schreibenlernen gut entwickelt wird, sind grafomotorische Übungen **bereits vor der Schule wichtig**. Dabei geht es um die Basiselemente des Schreibens (Stifthaltung, Fingerbewegung ...) und der Schrift (Striche, Bögen, Schlaufen ...). Da viele Kinder beim Schuleintritt grafomotorische Probleme verschiedenster Ausprägungen haben, erscheint es vielen Pädagog*innen wichtig, die Basiselemente des Schreibens vorher zu thematisieren, auch im präventiven Sinne. Es ist nicht zu vernachlässigen, dass alle sensomotorischen Lern- und Übungsvorgänge **vom Groben zum Feinen** führen: von der Grobmotorik zur Fein- und Grafomotorik (vgl. Pauli/Kisch, 2018b, 15).

Beispielsweise kann ein Kind, wenn es Probleme mit ganzkörperlichen Koordinationsbewegungen hat, ebenso wenig lernen, den Stift gut koordiniert und mit einem dynamischen Griff zu halten. So ist eine gut koordinierte Körpergeschicklichkeit Grundlage einer dosierten Fein- und Grafomotorik. Des Weiteren führt eine pädagogische grafomotorische Förderung vom Einfachen zum Differenzierten (vgl. ebd.). Der vorliegende Mini-Kurs ist genau in diesem Sinne aufgebaut und die **Lerneinheiten sind praxiserprobt und wirkungsvoll**.

Im Folgenden erhalten Sie Informationen und Impulse zur Stifthaltung, zur Auswahl von Stiften, zur Haltehand und zur Sitzhaltung. Auch zur Händigkeit, einem Thema, das regelmäßig in Gesprächen mit Eltern aufkommt, möchte ich Ihnen nachfolgend wertvolle Impulse mit auf den Weg geben.

Stifthaltung

© Stephanie Naki

Stifthaltung mit dem dynamischen Dreipunktgriff

Die Stifthaltung sollte so sein, dass der Stift **exakt geführt** werden kann, dass aber gleichzeitig die **Fingerbeweglichkeit** erhalten bleibt. Die Fingerbeweglichkeit ist umso größer, je geringer der Druck auf dem Stift ist. Somit muss das Kind eine Balance finden zwischen der Stabilität des Festhaltens und der Mobilität, die zur Stiftführung nötig ist.

Einleitung

Es gibt nicht die eine „richtige Stifthaltung", aber eine empfehlenswerte Stifthaltung. Diese empfehlenswerte Stifthaltung ist der **Dreipunktgriff**, da der Stift dabei einerseits optimal fixiert ist und gleichzeitig die Fingergelenke nicht blockiert werden (vgl. Pauli/Kisch, 2019, 174 ff.). Beim Dreipunktgriff wird der Stift locker von den drei Seiten zwischen Daumen, Zeige- und Mittelfinger gehalten: Der Stift liegt parallel zum Zeigfinger, der Daumen hilft beim Lenken mit und der Mittelfinger fungiert als Auflage. Ringfinger und kleiner Finger sind gebeugt, damit die Stiftspitze nicht zu flach oder zu steil auf das Papier gesetzt wird oder der Stift weiter hinten gehalten werden müsste (vgl. Pauli/Kisch 2018b, 43). Damit die Schreibfinger gut beweglich sein können, ist das Auflegen der Handkante auf der Schreiboberfläche erforderlich. Das Auflegen der Handkante wird in der 4. Lerneinheit des Mini-Kurses in den Fokus gestellt und mit einer großen Büroklammer (Beobachterschiff), die unter der Schreibhand liegt, spielerisch eingeführt.

Nicht selten haben die Kinder zu Beginn eine **erhöhte Muskelspannung** mit einem zu starken Schreibdruck. Beim Entwickeln des Mini-Kurses konnten wir, die Erzieher*innen und ich, beobachten, dass gerade das parallele Singen und das spielerische Führen des Stiftes eine Lockerung mit sich brachte. Eine weitere Übung, die sich bewährte, ist das explizite Anspannen aller Handmuskeln während des Zeichnens. Anschließend sollen die Kinder versuchen, wieder unangespannt zu zeichnen. Besprechen Sie gemeinsamen mit den Kindern die Wahrnehmungen und die Zeichenergebnisse, bevor danach bewusst locker gezeichnet wird.
Je früher die Kinder an eine korrekte Stifthaltung gewöhnt werden, desto besser. Denn wurde längere Zeit eine falsche Stifthaltung benutzt, ist es schwierig, die im Gehirn bereits angelegten neuronalen Vernetzungen aufzulösen und neu aufzubauen.

Als alternative Stifthaltungen werden in der Fachliteratur der **Pfötchengriff** bzw. der Interdigitalgriff genannt. Diese Griffe können Kinder verwenden, die mit dem Dreipunktgriff Mühe haben, oder Kinder, die den Stift mit zu viel Druck führen. Beim Pfötchengriff hält das Kind den Stift mit vier oder mit allen fünf Fingern, beim Interdigitalgriff liegt der Stift zwischen Zeige- und Mittelfinger und ist dadurch gut beweglich.. Der Dreipunktgriff ist dem Pfötchengriff in jedem Fall vorzuziehen, da die Schreibbewegung dabei wesentlich leichter und aus der Schulter gesteuert werden kann, wohingegen die Schreibbewegung beim Pfötchengriff aus den Fingern heraus erfolgen muss.

Stifte für Kinder

Die Verwendung von **dicken Stiften** mit dreieckigem Querschnitt oder **Griffhilfen** aus dem Fachhandel unterstützen die Stifthaltung von jüngeren Kindern. Ein dickerer Stift kann im Gegensatz zu einem dünneren entspannter in der Hand gehalten werden. Im Fachhandel gibt es Stifte mit einer härteren oder einer weicheren Mine. Die weicheren Minen hinterlassen schon bei weniger Druck Spuren. Pauli/Kisch (vgl. 2018b, 38) empfehlen, bis zur 2. Klasse weiche Stifte zu verwenden. Außerdem sollten die Stifte stets gut gespitzt sein. Das Spitzen der Stifte ist eine feinmotorische Tätigkeit, welche die Kinder selbst lernen und durchführen können. Die Finger befinden sich beim Schreiben oberhalb des angespitzten Bereiches. Falls Sie den Eindruck haben, dass ein Kind mit den vorhandenen Stiften über längere Zeit keine deutlichen Spuren auf dem Blatt hinterlassen, können Sie auch eine Ergotherapeutin oder einen Ergotherapeuten miteinbeziehen. Generell gilt: Lassen Sie die Kinder unterschiedliche Stifte und eventuell Schreib- und Griffhilfen ausprobieren, denn verschiedene Kinder können durchaus mit **unterschiedlichen Schreibgeräten** gut auskommen.

Kinder sammeln Erfahrungen mit unterschiedlichen Stiften

Die Haltehand

Leider bleibt die **passive Hand**, die beim Schreiben auch Haltehand genannt wird, in der Fachliteratur oft unerwähnt. Wenn wir Kinder beim Schreiben und Zeichnen beobachten, sehen wir nicht selten, dass sich die Haltehand unter dem Tisch befindet. In der Fachliteratur steht, dass sie beim Schreiben aber die wichtige Aufgabe hat, das **Blatt zu halten**. Beim Radieren wird diese Hand das Blatt noch stärker halten müssen. Auch bei Alltagstätigkeiten werden beide Hände gebraucht, beispielsweise beim Schließen eines Reißverschlusses oder beim Spitzen von Stiften. Je früher die Kinder regelmäßig beide Hände gebrauchen, desto besser entwickelt sich ihre Feinmotorik.

Neben dem Fixieren des Blattes hat die Haltehand auch noch eine weitere Funktion: Sie bewirkt eine bessere **Sitzhaltung**, denn wenn sich die passive Hand unter dem Tisch befindet, nimmt das Kind automatisch eine ungünstige schrägere Sitzhaltung ein.

In der 7. Lerneinheit wird die Haltehand mit den Kindern thematisiert. Während dieser Übungen arbeiten sie mit längeren DIN-A3-Papierstreifen. Dies erfordert die Mitarbeit der Haltehand, denn das Kind verhindert mit dem Halten das Verschieben des Blattes.

Die passive Hand der Rechtshänder*innen befindet sich jeweils links vom Blatt, was sich ganz logisch ergibt, da das Blatt so nicht in Schreibrichtung weiterrutscht. Bei Linkshänder*innen kann sich die passive Hand natürlich nicht links befinden. Rechts kann die passive Hand zwar liegen, jedoch ist das Halten des Blattes nur bedingt möglich, da dieses trotzdem verrutschen könnte. Alternativ kann die Haltehand das Blatt unterhalb der linken Schreibhand festhalten.

Die Sitzhaltung

Haben Sie **Mobiliar, das sich** auf die Größe der Kinder **einstellen lässt**? Von dieser Möglichkeit sollten Sie Gebrauch machen, damit die Kinder, ihrer Größe entsprechend, korrekt sitzen können. Die Stühle und, falls möglich, auch die Tische sollten so eingestellt werden, dass die Rückenbelastung reduziert und ein entspanntes Sitzen und Zeichnen ermöglicht wird.

Die **Füße** eines auf dem Stuhl sitzenden Kindes sollten **flach auf dem Boden** liegen. Die Unterschenkel bilden zum Oberschenkel einen **90-Grad-Winkel**. Zusätzliche Stabilität gibt ein aufgerichtetes Becken, das dem Kind zu einer aufrechten Haltung verhilft. Nach der Einstellung der Stuhlhöhe kann die Tischhöhe dem Kind angepasst werden. Die Schulgesundheitsdienste der Stadt Zürich empfehlen beispielsweise, die Tischhöhe so einzustellen, dass sich die Ellenbogenspitze ca. 2–3 cm unterhalb der waagerechten Tischplatte befindet. So liegen die Unterarme gut auf der Tischplatte auf und die Schultern werden nicht nach oben gedrückt (vgl. Schulgesundheitsdienste der Stadt Zürich).

Die Haltehand hält das Blatt fest

Die Händigkeit

Jedes Kind hat eine Hand, die geschickter hantieren kann. Diese Dominanz zeigt die Händigkeit des Kindes an. Laut Pauli/Kisch (vgl. 2018a, 17) hängt dies mit der motorischen Dominanz einer der beiden Gehirnhälften zusammen.

Zwischen 4,5 und 5 Jahren ist die **Handdominanz** soweit gefestigt. Wenn wir das Kind beim beidhändigen Tun beobachten, sollte eine Haltehand und eine Arbeitshand ersichtlich sein. Dies kann z. B. beim Hantieren mit einem Buttermesser sein oder bei der Benutzung eines Klebestreifens. Auch beim Kneten sehen Sie, welche Hand beim Kind die aktivere ist. Eine weitere **gute Beobachtungsmöglichkeit** bietet das Rollenspiel in der Kinderküche, da dort mit unterschiedlichem Geschirr hantiert wird. Ist das Kind noch jünger, ist ein ständiges Hantieren mit beiden Händen wichtig. Feinmotorische Tätigkeiten geben dem Kind ein gutes Übungsfeld. So ist eine Ausprägung der Arbeits- und Haltehand teilweise schon im Alter von 1,5 Jahren bereits immer deutlicher (vgl. Pauli/Kisch, 2019, 118).

© Grischa Georgiew – stock.adobe.com

Unterstützen Sie **linkshändige Kinder** und leiten Sie sie eventuell speziell an. Die Kinder nehmen Sie als Vorbild und ahmen Ihre Tätigkeiten exakt nach. Dies kann bei einzelnen Kindern zu einem Handwechsel führen. Hier sollten Sie dann darauf achten, dass die Kinder ihre dominante Hand benutzen. Unterstützung können Sie bei der Sitzposition, beim Arbeitsplatz allgemein und bei Alltagsgegenständen bieten. Das Praxisbuch „Linkshänder – Na klar!" enthält viele praktische und sachliche Informationen (siehe Literaturangaben, S. 48).

Später beim Schreiben sollte das linkshändige Kind nicht die Hand so verbiegen müssen, dass der Stift von oben herunter schreibt (dies geschieht oft, um das Geschriebene sehen zu können). Hier können Sie das Kind bereits in der Kita an eine **Schräglage des Papieres** gewöhnen. Für Rechtshänder*innen wird das Blatt zur rechten Körperseite verschoben und liegt etwa 30 Grad nach links geneigt. Für Linkshänder*innen ist es genau umgekehrt.

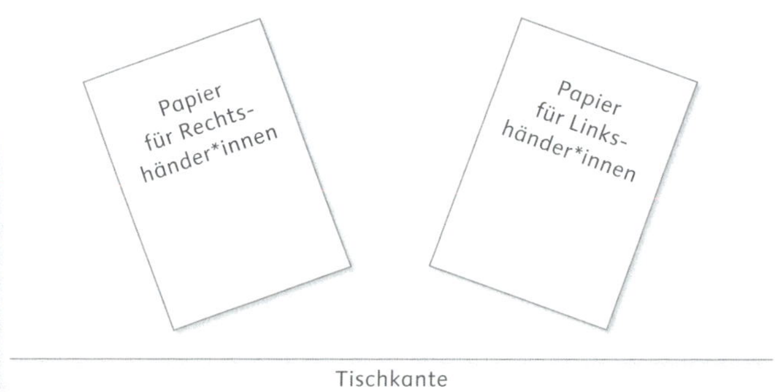

Entwicklungsstand der Vorschulkinder

Kinder bis 8 Jahre lernen am besten mit **spielerischen Elementen**. Die Lerneinheiten des Mini-Kurses sind deshalb ausschließlich mit spielerischen Grafomotorikübungen bestückt. So können zufriedenstellende Ergebnisse bei einer lockeren Stifthaltung erzielt werden, die eine Basis für die spätere Entwicklung der persönlichen Handschrift ist. Durch die spielerische Art der Angebote können im Speziellen die Kita-Kinder, die sonst im Freispiel nicht gern Stifte in die Hände nehmen, erfolgreich erreicht werden. Hemmungen können abgebaut werden und tragen langfristig zu einer positiven Entwicklung des Schreibens bei.

Kinder im Vorschulalter bringen sehr **unterschiedliche grafomotorische Voraussetzungen** mit.
Bei bestimmten Kindern haben Sie vielleicht den Eindruck, dass sie noch nie einen Stift in der Hand gehalten haben. Dies kommt im heutigen digitalen Zeitalter teilweise der Wahrheit recht nahe. Das Spurenhinterlassen ist bei der Bedienung von Smartphones und Tablets ohne Stifte möglich.
So hängen die grafomotorischen Voraussetzungen u.a. sehr vom familiären Umfeld des Kindes ab.

Das Piratenabenteuer

In dem vorliegenden Übungskonzept führen **drei Pirat*innen** die Kinder durch die Lerneinheiten. Die Figuren stehen symbolisch für den **Daumen, den Zeigefinger und den Mittelfinger** der Schreibhand des Kindes. Der Stift ist der Mast ihres Schiffes. Diese drei Pirat*innen erleben auf dem weiten Meer, dem blauen Papier, viele Abenteuer. Kinder mit Aufmerksamkeitsschwierigkeiten konzentrieren sich auf ihre Finger und hinterlassen mit dem Stift auf dem blauen Papier klare Spuren. Das Bild der drei Pirat*innen macht es Ihnen und evtl. später auch den Lehrkräften in den Schulen leichter, die Kinder an die richtige Stifthaltung zu erinnern: Wenn ein Kind beim Zeichnen oder bei ersten Schreibversuchen den Stift nicht korrekt hält, können Sie es einfach daran erinnern, dass es seine „drei Pirat*innen“ gebrauchen soll.

Während die Kinder sich spielerisch auf ein **Piratenabenteuer** einlassen, lernen sie, auf ihre Stifthaltung zu achten. Darüber hinaus lernen sie, den Stift gezielt zu führen und eine korrekte Schreibhaltung einzunehmen.
Das Piratenthema **motiviert Kinder** in vielerlei Hinsicht: Pirat*innen sind Figuren, die von Kindern gut in einem Rollenspiel verkörpert werden können. Sie sind stark, leben auf einem Piratenschiff, erleben viele Abenteuer und sind durch klare Merkmale gut erkennbar, wie z.B. durch eine Augenklappe, einen Piratenhut oder ein Schwert. Bei diesem ansprechenden Thema werden **Kinder, die wenig feinmotorische Voraussetzungen mitbringen** oder nicht zum Zeichnen motiviert sind, mitgerissen und verbessern ihre grafomotorischen Fähigkeiten mit Begeisterung.

Der Piratensong

Um dem spielerischen Moment noch mehr Gewicht zu geben, um die Singfreude der Kinder zu wecken und ihnen ein Gemeinschaftserlebnis zu bieten, bildet der **Piratensong** (siehe Kopiervorlage A, S. 14 und Audio) den Anfang einer jeden Lerneinheit. Beim Singen des Piratensongs wird der jeweilige Finger in die Höhe gehoben. Als Alternative kann der Song auch als Fingerspruch gelernt werden. Um das Lied leichter zu lernen oder es den Kindern vorzuspielen, können Sie die **Audioaufnahme im Download** verwenden.

Aufbau des Mini-Kurses

Der vorliegende Mini-Kurs besteht aus acht Lerneinheiten und ist **für Kinder zwischen vier und sieben Jahren** geeignet. Er ist auf die Arbeit mit einer Kindergruppe ausgerichtet. Der Ablauf der Lerneinheiten ist aufeinander aufbauend. Das bedeutet, dass Sie mit den Übungen der 1. Lerneinheit starten. So sind die Inhalte und Ziele für die Kinder am einfachsten zu erreichen.

Ablauf des Mini-Kurses

Jede Lerneinheit verfolgt **klare Ziele**. Damit die Kinder diese erreichen, ist es zentral, dass Sie sich die entsprechenden Ziele vor jeder Lerneinheit nochmals bewusst machen. Sie sollten die Ziele nicht nur im Hinterkopf behalten, sondern den Kindern auch explizit mitteilen. So wird während der Übungen intensiver und bewusster darauf geachtet und die Kinder erzielen größere Erfolge. In der 1. Lerneinheit werden die Voraussetzungen der einzelnen Kinder erfasst und in der 8. Lerneinheit werden die gelernten Elemente festgehalten. Das entstandene Abschlussheft kann zur Dokumentation genutzt und bei Elterngesprächen hinzugezogen werden.

Aufbau der Lerneinheiten

Jede Lerneinheit hat **denselben Aufbau**. Diese **Regelmäßigkeit** gibt den Kindern Sicherheit. Sie können sich so besser auf die Inhalte der Lerneinheit konzentrieren. Mit diesem Fundament lassen sich die Lernziele sicherer und mit mehr Ruhe erreichen. Achten Sie bei der Umsetzung entsprechend auf einen regelmäßigen und klaren Ablauf jeder Lerneinheit. Zu Beginn jeder Lerneinheit wird jeweils der Piratensong gesungen. Im Anschluss erfolgt eine gemeinsame Aktivität, die dem Entwicklungsstand der Kinder entspricht. Hierzu zählen Rollenspiele (vgl. 1. Lerneinheit), das Balancieren von Gegenständen (vgl. 3. Lerneinheit), Bewegungsübungen (vgl. 4. Lerneinheit und 6. Lerneinheit), Fingerspiele (vgl. 7. Lerneinheit), Kreisspiele (vgl. 8. Lerneinheit) sowie ein Bewegungsparcours (vgl. 8. Lerneinheit). Im Anschluss an den Einstieg folgt eine Übung, nach der alle noch einmal zum gemeinsamen Betrachten und Reflektieren zusammenkommen. Eine zweite Übung (oder eine Vertiefung der ersten) sowie eine gemeinsame Schlussrunde beenden jede Einheit.

Ablauf der Lerneinheiten – wiederkehrende Elemente:

- Piratensong
- gemeinsame Aktivität als Einstieg
- 1. Übung
- gemeinsames Betrachten (mit Reflexion)
- 2. Übung
- Schlussrunde (mit Reflexion)

Jede Lerneinheit dauert **etwa 40 Minuten**. Die benötigte Zeit kann jedoch in Abhängigkeit der Aufnahmebereitschaft, Tagesform und Interessenlage der Kinder variieren. Einzig die 8. Lerneinheit dauert wegen des eingebauten Bewegungsparcours planmäßig länger. Eine **wöchentliche Durchführung** unter der Leitung einer festen Person hat sich bewährt. Je nach Gruppengröße, Gruppenzusammensetzung und Anzahl der Kinder mit grafomotorischen Schwierigkeiten kann es angemessen sein, den Mini-Kurs mit einer zweiten pädagogischen Fachkraft oder gar gemeinsam mit einer Fachkraft der Heilpädagogik durchzuführen. Die Kinder mit Förderbedarf können dadurch gezielter begleitet und direkter unterstützt werden.

Downloadmaterialien

Der Mini-Kurs umfasst zahlreiche Kopiervorlagen, die Sie direkt verwenden und mit den Kindern einsetzen können. Häufig bietet es sich an, die Vorlagen auf blaues Papier zu drucken, da es so in Bezug auf die Piratenschiff-Thematik noch ansprechender für die Kinder ist. Alle Kopiervorlagen aus dem Heft sowie einen Piratensong als Audioaufnahme können Sie unter folgendem Link oder über das Einscannen des QR-Codes auch herunterladen[2]:

Zugangsdaten zum Download

Passwort: **MiKuStift**

Link:
cloud.verlagruhr.de/lerninhalt/tiRhBnjOg5Vc/

QR-Code:

[2] Bitte beachten Sie, dass der angegebene Link und der QR-Code ihre Gültigkeit verlieren können. Sollten Sie Schwierigkeiten beim Zugriff auf die Dateien haben, wenden Sie sich bitte an: **digitales@verlagruhr.de**

1. Lerneinheit

Erfassung der Voraussetzungen

Ziele

Ziel dieser Einheit ist, die **derzeitige Stifthaltung und -führung** der Kinder schriftlich zu erfassen. Sie sollen am Ende dieser 1. Lerneinheit wissen, welche etwaigen Fehlhaltungen sich bei den Kindern der Gruppe finden. Sie notieren sich für **jedes Kind ein bis zwei Schwerpunkte**: Punkte, die sich bei diesem Kind verbessern lassen und bei denen Sie das Kind unterstützen möchten. Eventuell können Sie bereits jetzt gezielte Maßnahmen für die folgenden Lerneinheiten treffen. Beispielsweise können zusätzliche Informationen von Ergotherapeut*innen eingeholt oder eine zusätzliche Unterstützungsperson für die nachfolgenden Lerneinheiten organisiert werden.

Ein weiteres Ziel besteht darin, dass die Kinder in das **Piratenschiff-Thema** eingeführt werden und den **Piratensong bereits mehrfach hören**. Gerade für Kinder, denen die Merkfähigkeit schwerfällt, ist es hilfreich, wenn sie den Song oft hören und dabei aktiv mitmachen können.

Vorwissen

Das Festhalten der Beobachtungen

Um die Beobachtungen zur Stifthaltung und Stiftführung festhalten zu können, hat sich eine Tabelle mit Beobachtungskriterien bewährt. Auf welche Kriterien Sie Ihr Augenmerk richten sollten, finden Sie im Kasten auf der Folgeseite.
Während die Kinder ein Ausmalbild (Kopiervorlage B) farbig gestalten, füllen Sie den vorbereiteten Beobachtungsbogen aus (Kopiervorlage C). Senkrecht notieren Sie die Namen der Kinder und in den Spalten befinden sich die zu beobachtenden Kriterien. Wenn Sie hierzu noch einmal genauer nachlesen möchten, finden Sie die Kriterien im Kapitel „Hintergrundwissen Grafomotorik" genauer erläutert. Neben dem Ausfüllen dieses Beobachtungsbogens ist das Fotografieren der Stifthaltungen empfehlenswert. Mit einem Fotoapparat, Tablet oder Smartphone können Sie ein Foto von jeder Stifthaltung machen. Achten Sie hierbei aber unbedingt auf die jeweilige Datenschutzrichtlinie Ihrer Einrichtung. Entstandene Fotos können Sie am Ende des Mini-Kurses für einen direkten Vorher-Nachher-Vergleich nutzen. Dann sollten Sie auch bei der 8. und letzten Lerneinheit fotografieren. Nach der Durchführung der 1. Lerneinheit setzen Sie sich für jedes Kind ein bis zwei Schwerpunkte, auf welche Sie während der nächsten Wochen achten und bei denen Sie das Kind unterstützen wollen. Genau diese Punkte können Sie am Ende des Mini-Kurses nochmals betrachten und die Fortschritte des Kindes zusätzlich zu den Vorher-Nachher-Fotos schriftlich festhalten.

Zu den Beobachtungskriterien

- **Sitzhaltung:** Sind beim Sitzen die Füße fest am Boden? Liegen die Unterarme locker auf der Tischplatte?
- **Haltehand:** Befindet sich die passive Hand auf dem Ausmalbild?
- **Stifthaltung:** Welche Finger befinden sich beim Zeichnen wo? – evtl. Foto machen!
- **Händigkeit:** Malt das Kind das Bild links- oder rechtshändig aus?
- **Bewegung der Finger:** Welche Finger bewegen sich beim Ausmalen?
- **Bewegung der Hand:** Wie ist die Lage des Handgelenkes und wird dieses beim Malen bewegt?
- **Bewegung der Schulter:** Wird beim Ausmalen teilweise auch die Schulter bzw. der gesamte Arm bewegt?
- **Weitere Beobachtungen:** Ist beispielsweise eine kurze Konzentrationsdauer feststellbar? Verwendet das Kind unterschiedliche Farben? Kann das Kind die Konturen beachten oder malt es willkürlich über die Linien hinweg? Welcher Stiftdruck ist beobachtbar?

Ablauf

Material

- Piratenhut, Augenklappe, Fernrohr o. Ä. für die Fachkraft
- pro Kind ein Ausmalbild (Kopiervorlage B)
- kindgerechte, dicke Farb- und Bleistifte
- Piratenverkleidungen und -accessoires (Augenklappe, Fernrohr, Schwert ...) für die Kinder
- Beobachtungsbogen (Kopiervorlage C)
- evtl. elektronisches Gerät mit Fotofunktion (Kamera, Smartphone, Tablet)

Vorbereitung

Üben Sie im Vorfeld den Piratensong (Kopiervorlage A). Das Lied lässt sich einfach vorsingen oder mit der Audiodatei im Download vorspielen.
Für diese 1. Lerneinheit werden zusätzlich noch Piratenaccessoires für das Rollenspiel gebraucht.
Für das Erfassen der Voraussetzung legen Sie sich den Beobachtungsbogen bereit und organisieren Sie unter Berücksichtigung der geltenden Datenschutzrichtlinie Ihrer Kita ein elektronisches Gerät mit einer Fotofunktion, um die Stifthaltung der Kinder festzuhalten.

Einstieg

Die Kinder sitzen im Kreis. Sie selbst sind als Pirat*in verkleidet und tragen neben einer Augenklappe noch ein Fernrohr und eventuell einen Kompass bei sich. Mit Freude und großem Selbstbewusstsein erzählen Sie von Ihrem Leben auf dem Piratenschiff. Hierzu können Sie den Beispieltext nutzen oder frei erzählen. Dabei berichten Sie von den drei kleinen Pirat*innen, die einen Schatz auf ihrem Schiff versteckt haben. Parallel dazu zeigen Sie die jeweilige Figur auf dem Ausmalbild.

Möglicher Erzähltext:

„So, das war wieder mal toll auf unserem Piratenschiff! Das Meer war ganz blau, das Wasser war schön ruhig und mit dem Fernrohr konnte ich vom höchsten Mast aus ganz weit sehen. Ich liebe es, Pirat*in zu sein!

Glaubt ihr, ich bin auf dem Piratenschiff allein? – Nein, mit mir sind noch zwei Freunde auf dem Schiff. Wir sind zusammen die drei kleinen Piraten und ihr dürft uns nicht verraten! Ich bin der Chef oben im Mastkorb. Ich halte mit dem Fernrohr Ausschau. Wenn es windet, dann wackelt es dort oben hin und her, das müsstet ihr mal miterleben!

Hier ist ein Bild von uns! Erkennt ihr mich? Und dann seht ihr meine Freundin, die Steuerfrau. Sie ist für ihre guten Fahrkünste bekannt. Sie steuert das Schiff sicher um jedes Seeungeheuer herum! Und dann seht ihr noch den Segelsetzer. Das ist der Schlaue hier. Er kennt jedes Tau auf unserem Schiff. Er weiß, an welchem Tau man ziehen muss, damit die Segel richtig stehen."

1. Lerneinheit

Erfassung der Voraussetzungen

1. Übung

Nun singen oder spielen Sie den **Piratensong** einmal vor und zeigen jeweils auf die entsprechende Figur auf dem Ausmalbild.

Danach darf **jedes Kind mit einem Piratenaccessoire** in die Rolle einer Piratin oder eines Piraten schlüpfen und sich frei im Raum bewegen. Sie als Erzieher*in rufen nach kurzer Zeit: „Schiff ahoi!" Dies ist im Laufe des Mini-Kurses das Zeichen, dass alle Kinder ihre Tätigkeit unterbrechen sollen und eine neue Phase beginnt. Dann singen oder spielen Sie nochmals den Piratensong vor, damit sich die Kinder bei der nächsten Lerneinheit gut daran erinnern werden. **Abwechselnd erfolgen das Rollenspiel und der Piratensong**, wobei die Kinder nach jedem Song ihr Piratenaccessoire austauschen dürfen.

Gemeinsames Betrachten

Sie rufen laut: „Schiff ahoi!", räumen die Piratenaccessoires auf und setzen sich in den Kreis. Meist braucht es keine lange Erklärung und alle Kinder setzen sich bei diesem Aufruf in den Kreis. Dort **erklären Sie das Ausmalen der drei Pirat*innen** und verteilen die Ausmalbilder (Kopiervorlage B).

2. Übung

Jedes Kind bekommt die Aufgabe, das **Ausmalbild** mit den dreikantigen, dicken Farbstiften sorgfältig auszumalen. Teilen Sie den Kindern mit, dass Sie sie beim Ausmalen beobachten und sich Notizen machen werden (Kopiervorlage C). Sobald Sie **„Schiff ahoi!"** rufen, sollen die Kinder ihre Farbstifte aufräumen und sich mit ihrem Bild in den Kreis setzen. Je nachdem, wie vertraut die Kinder mit dem Aufräumen sind, können Sie gleichzeitig den Piratensong anstimmen.

Schlussrunde

Im Kreis werden die **Ausmalbilder einzeln gewürdigt** und es wird mitgeteilt, dass diese aufbewahrt und zu einem späteren Zeitpunkt wieder zurückgegeben werden. Kündigen Sie zum Abschluss an, dass die Kinder die Pirat*innen beim nächsten Mal noch besser kennenlernen werden.

© Stephanie Naki

Piratensong/Ausmalbild

Text und Musik © Stephanie Naki

Das Wort „Piraten" wurde in dem Lied nicht gegendert, um auf die Melodie zu passen. Im Verlauf des Liedes wird von dem Piraten und der Piratin gesprochen. Achten Sie darauf, dass Sie beim Singen und Üben alle einbeziehen.

Kopiervorlage C

Beobachtungsbogen

Name	Sitzhaltung	Halte-hand	Stifthaltung	Händig-keit	Bewegungen (Finger, Hand, Arm)	Weitere Beobachtungen

2. Lerneinheit

Horizontale Linienführung

Ziele

Die Kinder lernen in dieser Lerneinheit **eine ideale und dynamische Stifthaltung** kennen. Auf diese sollen sie von nun an achten. **Horizontale Linien** stellen für die Feinmotorik die einfachste Stiftführung dar. Daher werden sie hier auch als Erstes ausgeführt. Die Finger-Pirat*innen reisen mit dem Stift auf dem Papier von einer Insel zur anderen. Die Einbettung in das fantasievolle Thema ermutigt die Kinder, sich an der Thematik „Grafomotorik" zu beteiligen. Während dieser Lerneinheit soll die **Bereitschaft gefördert werden**, beim Mini-Kurs aktiv mitzumachen. Die Kinder werden so die Ziele der Grafomotorik spielerisch erreichen.

Ablauf

Material

- Piratenhut für die Fachkraft
- farbige, kleine Büroklammern
- kindgerechte, dicke Farbstifte
- pro 2er-Gruppe ein Meeresbild mit je einem Festland am rechten und linken Bildrand (siehe Vorbereitung)
- eventuell Piraten-Fingerpuppen oder Stifte auf Basis von Lebensmittelfarbe/Kinderschminkstifte (um Gesichter auf die Finger zu malen)

Vorbereitung

Für diese 2. Lerneinheit lohnt es sich, für jede 2er-Gruppe blaues DIN-A2-Papier mit zwei aufgeklebten Landstrichen am rechten und linken Bildrand vorzubereiten (vgl. Foto S. 17). Einerseits wirken blaue Blätter realitätsnäher als weiße und stellen eine Besonderheit dar. Andererseits bilden die aufgeklebten Landstriche eine Art Stopplinie, die beim Führen der Farbstifte spürbar ist. Als Variante kann auch ein weißes DIN-A2-Blatt genommen werden und die Landstriche können am rechten und am linken Blattrand vorgezeichnet werden. Bereiten Sie sich auch darauf vor, den kleinen Dialog und den Piratensong mit Bewegungen umsetzen zu können.

Einstieg

In dieser 2. Lerneinheit wird der Piratensong den Kindern mit Bewegungen beigebracht. Damit sich die Kinder sofort wieder im Piratenschiff-Thema befinden, tragen Sie den Piratenhut während jeder Lerneinheit. Dieser Hut und das Singen haben einen wichtigen Stellenwert als ritualisiertes Element.

Gemeinsam mit den Kindern sitzen Sie im Kreis. Zur zusätzlichen Untermalung der drei Piratenrollen sind auf ihren Daumen, Zeige- und Mittelfinger entweder passende Fingerpuppen gesetzt oder Gesichter auf die Finger gemalt. Zu Beginn des Piratensongs halten Sie Ihre Arme hinter dem Rücken und während des Singens lassen Sie die drei Pirat*innen (Daumen, Zeige- und Mittelfinger der Schreibhand) bei „Piraten, kommt herbei!" nach vorn kommen.
Dann lassen Sie die drei Finger-Figuren miteinander reden.

Daumen: der Segelsetzer, der Schlaue, der die Taue hält
Zeigefinger: die Steuerfrau, die das Steuer hält und alle Seeungeheuer umfährt
Mittelfinger: der Ausgucker, der mit dem Fernrohr im schwankenden Mastkorb arbeitet

Lassen Sie die Figuren ins Gespräch kommen:

Mittelfinger: „Zum Glück waren heute die Wellen nicht so hoch, so hat es oben im Mastkorb nicht so stark gewackelt!"
Zeigefinger: „Ja, doch leider haben wir immer noch keinen schönen Platz für unseren großartigen Schatz gefunden!"
Daumen: „Auf jeden Fall waren die Spuren von unserer heutigen Schiffstour ganz besonders schön."
Zeigefinger: „Ja! Und du bist heute wieder hervorragend gefahren".
Daumen: „Aye, aye, Käpt'n!"

Nach dem Dialog nehmen die drei Finger-Figuren einen Farbstift als Schiffsmast und eine Büroklammer als Schiff. So fahren Sie auf einem **großen blauen Blatt Papier** in der Mitte der Kindergruppe

herum. Kurz danach fragen Sie die Kinder nach ihren eigenen „drei Pirat*innen". Eventuell können Sie zu diesem Zeitpunkt allen Finger-Pirat*innen ein Gesicht malen, d. h. **ein Gesicht auf jeden Kinderfinger**, der beim Zeichnen gebraucht wird.
Nach dem Dialog der Pirat*innen wird der Piratensong mehrmals mit den Kindern gesungen. Dabei werden die Kinder ermutigt, die entsprechenden (Finger-)Bewegungen mitzumachen (s. unten). Eine motivierte und sichere Vorstellung des Songs begeistert die Kinder für das Thema und erhöht ihre Konzentration. Schon bald kann spielerisch ein einzelner Finger gezeigt werden und die Kinder sollen sagen, um welche Figur es sich dabei handelt.

Nach dem Singen ist es wichtig, dass die folgende Übung bereits im Kreis gezeigt wird, sodass die Kinder **über den Ablauf gut Bescheid wissen**. Informieren Sie die Kinder, dass sie auf das Signal „Schiff ahoi!" hin wieder in den Kreis zurückkommen sollen.

Piratensong mit Bewegungen

1. 1, 2, 3, Piraten*, kommt herbei! *(3-mal)*
   Ref. 1 Sie stellen sich nun vor, mit Tauen, Steuer und Fernrohr. *(2-mal)*
   ➡ **Hände hinter dem Rücken halten und bei „herbei" nach vorn nehmen**
2. Das ist der Schlaue, er hält die Taue.
   Ref. 2.–4. Auf allen unsren Touren hinterlassen wir schöne Spuren. *(2-mal)*
   ➡ **den Daumen bewegen**
   ➡ **mit dem Finger eine liegende Acht in die Luft malen**
3. Sie hält das Steuer, umfährt die Seeungeheuer.
   ➡ **den Zeigefinger bewegen**
4. Im Mastkorb steht der, dort wackelt's hin und her.
   ➡ **den Mittelfinger bewegen**

© Stephanie Naki

* Das Wort „Piraten" wurde in dem Lied nicht gegendert, um auf die Melodie zu passen. Im Verlauf des Liedes wird von dem Piraten und der Piratin gesprochen. Achten Sie darauf, dass Sie beim Singen und Üben alle einbeziehen.

2. Lerneinheit

Horizontale Linienführung

1. Übung

Jedes Kind darf bei dieser Übung einen farbigen Mast (Farbstift) aussuchen. **Zu zweit bekommen die Kinder das DIN-A2-Meeresbild** mit je einem Festland am rechten und linken Bildrand. Die beiden Kinder sitzen **nebeneinander** und haben gemeinsam **acht Büroklammern als Schiffe**. Ein Kind platziert alle acht Schiffe auf seinem Strand. Dann holt das andere Kind jedes Schiff einzeln zu seinem Strand herüber. Dies tut es, indem es mit dem Stift die Büroklammern einzeln horizontal an sein Ufer herüberzieht (vgl. Foto S. 17). Danach ist das andere Kind dran und holt die Schiffe wieder zu seinem Strand. Die Schiffe sollen von den Kindern horizontal geführt werden und **schöne Spuren quer über das Blatt hinterlassen**. Zwischendurch können die Kinder auch ihren Farbstift tauschen.

Gemeinsames Betrachten

Nachdem jedes Kind etwa 4-mal dran war, rufen Sie: **„Schiff ahoi!"** Im Kreis zeigen Sie ein gutes Beispiel an horizontaler Linienführung. Gemeinsam wird dieses Meeresbild betrachtet. Die Kinder werden dazu ermutigt, horizontale Spuren zu hinterlassen. Zu diesem Zeitpunkt besteht die Möglichkeit, die Wörter „gerade" und „krumm" zu thematisieren. Erklären Sie, wie die zweite Runde abläuft.

2. Übung

Für den zweiten Durchgang **wechseln** die Kinder **ihren Platz**, sodass das Kind, das rechts saß, nun links sitzt. So können die Kinder die horizontalen Linien in beide Richtungen ausführen. Zudem dürfen sie nochmals eine andere Farbe aussuchen. Nachdem jedes Kind etwa 4-mal dran war, rufen Sie: **„Schiff ahoi!"** Nun sollen die Kinder alles wieder aufräumen und ihr Meeresbild in den Kreis mitbringen.

Schlussrunde

Im Kreis singen Sie gemeinsam mit den Kindern den Piratensong. **Alle Meeresblätter werden gewürdigt** und einzeln im Kreis kurz gelobt. Dabei machen Sie noch einmal auf die horizontale Linienführung aufmerksam.
Zum Schluss werden die Kinder darüber informiert, dass die Pirat*innen in der nächsten Woche wieder aktiv sein werden. Nach Belieben kann der Piratensong nochmals gesungen werden.

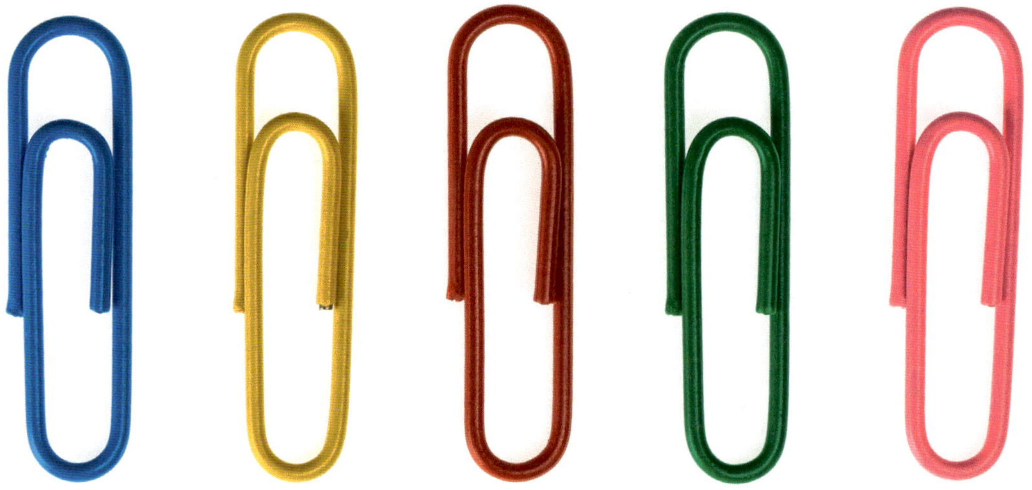

3. Lerneinheit

Vertikale Linienführung

Ziele

Die Ausführung von **vertikalen Linien** stellt die logische Weiterführung der 2. Lerneinheit dar. Vertikale Linien werden bei den Schreibabläufen von Buchstaben und Zahlen oft angewendet. Somit stellt diese Linienführung eine wichtige Voraussetzung für das Schreiben dar. Anzufügen ist, dass die meisten vertikalen Linien beim Schreiben von oben nach unten geführt werden. Diese Richtung benötigt weniger Kraft und soll deshalb bevorzugt werden.

Neben der vertikalen Linienführung wird in dieser Lerneinheit die gelernte **Stifthaltung** weiter vertieft.

Ablauf

Material

- Piratenhut für die Fachkraft
- diverse Büroklammern
- kindgerechte, dicke Farbstifte
- pro 2er-Gruppe ein DIN-A2- oder DIN-A3-Blatt mit der Darstellung des Meeres und einem Festland auf dem rechten und linken Blattrand; in der Mitte des Blattes eine gut sichtbare Insel (Dieses Meer können Sie selbst malen oder Kopiervorlage D nutzen.

Vorbereitung

Balancier- und Konzentrationsspiel
Beim Einstieg wird ein Gleichgewichtsspiel durchgeführt. Hierfür sollte genügend freier Platz bestehen. Die Kinder sollten die Möglichkeit zur freien Bewegung nutzen. An einem Ort müssen sie sich bücken können und ein anderes Mal zwischen zwei Stühlen durchkrabbeln. Solche kleinen Hindernisse machen das Spiel belebter und jedes Kind wählt automatisch seinen eigenen Schwierigkeitsgrad. Sorgen Sie also dafür, dass der Gruppen- oder Turnraum entsprechend vorbereitet wird.
Kopieren Sie ggf. Kopiervorlage D in ausreichender Anzahl im Format DIN A3 oder DIN A2.)

Einstieg

Setzen Sie sich gemeinsam mit den Kindern in einen Kreis. Mit den entsprechenden Bewegungen (vgl. S. 17) singen Sie mit den Kindern den **Piratensong**. Zum Start der gemeinsamen Aktivität stehen alle Kinder auf. Sie tragen die unten stehende Situationsbeschreibung (ohne Büroklammern) vor. Die Bewegungen werden während der Beschreibung als Trockenübung durchgeführt.

Tragen Sie folgenden Text vor:

„Oft windet es auf dem Meer! Hui!
➡ Windgeräusche imitieren

Dabei schwankt das Schiff hin und her.
➡ Schwanken eines Schiffes

Auch die Masten wackeln hin und her.
➡ mit dem ganzen Körper hin- und herschwanken

Die Steuerfrau macht eine starke Rechtskurve.
➡ mit dem Körper nach rechts lehnen

Dann macht die Steuerfrau eine Linkskurve."
➡ mit dem Körper nach links lehnen

Auftragsbeschreibung:

„In der Zwischenzeit seid ihr Piraten-Expert*innen und könnt euch nun beweisen. Ihr sollt drei Büroklammern, die auf den gestreckten Fingern eurer flachen Hand liegen, trotz Windböen und Schwankungen balancieren (vormachen). Mit diesen Büroklammern geht ihr langsam durch den Raum und passt auf, dass keine Büroklammer runterfällt."

Nun startet die eigentliche gemeinsame Aktivität mit dem Spiel zur Förderung des Gleichgewichtssinns: das **Balancier- und Konzentrationsspiel** mit Büroklammern. Jedes Kind legt sich mehrere Büroklammern auf seine ausgestreckte Hand und balanciert diese durch den Raum. Sie als Erzieher*in wiederholen nun den Vortragstext oder überlegen sich einen ähnlichen eigenen und die Kinder versuchen trotz Windböen, die Büroklammern auf ihren Fingern zu balancieren.

3. Lerneinheit

Vertikale Linienführung

Das Balancieren der Büroklammern kann nun gern während einiger Minuten durchgeführt werden. Achten Sie dabei auf die Hände der Kinder. Diese sollten angespannt und waagerecht mit geschlossenen, gerade ausgestreckten Fingern die Büroklammern balancieren. **Mutig und experimentierfreudig** können die Kinder dieses Konzentrationsspiel durchführen. Nach dieser gemeinsamen Aktivität rufen Sie: **„Schiff ahoi!"**, und die Kinder kommen zurück in den Kreis. Dort erklären Sie den Kindern die erste Übung der heutigen Lerneinheit.

1. Übung

Jedes Kind darf einen Mast (Farbstift) aussuchen und **zu zweit bekommen sie das Arbeitsblatt** (Kopiervorlage D). Die zwei Kinder, die zusammenarbeiten, **setzen sich gegenüber** und **haben je vier Büroklammern**. Diese werden als Schiffe in der Mitte des Papiers platziert, d. h. auf die längliche Insel. Jedes Kind holt nun seine vier Schiffe einzeln an seinen Strand, indem es mit dem Stift die Büroklammern einzeln vertikal zu sich zieht. Es soll darauf achten, dass es mit dem Stift vertikale Spuren hinterlässt. Danach zieht es die Schiffe wieder einzeln zurück auf die große Insel usw.
Die Kinder wissen, dass sie wieder in den Kreis zurückkommen sollen, wenn Sie „Schiff ahoi!" rufen.

Gemeinsames Betrachten

Nachdem jedes Kind etwa 4-mal seine Schiffe ins Meer und wieder ans Land geholt hat, rufen Sie: **„Schiff ahoi!"**, sodass die Kinder sich mit ihren Meeresbildern im Kreis versammeln.
Dort schauen Sie sich gemeinsam einige Beispiele an und ermuntern die Kinder, auch bei der nächsten Übung **gerade und vertikale Spuren von oben nach unten zu hinterlassen**. Zudem kann im Kreis nochmals das Balancierspiel in kleinem Rahmen durchgeführt werden. Jedes Kind balanciert wie bei der gemeinsamen Aktivität zwei Büroklammern auf seiner Hand. Geben Sie den Kindern die Anweisung, in welche Richtung sie sich neigen sollen.
So üben sie während des Spiels noch die Richtungsbezeichnungen „rechts" und „links".
Beim nächsten „Schiff ahoi!" gehen die 2er-Gruppen mit ihren Bildern wieder an ihre Plätze.

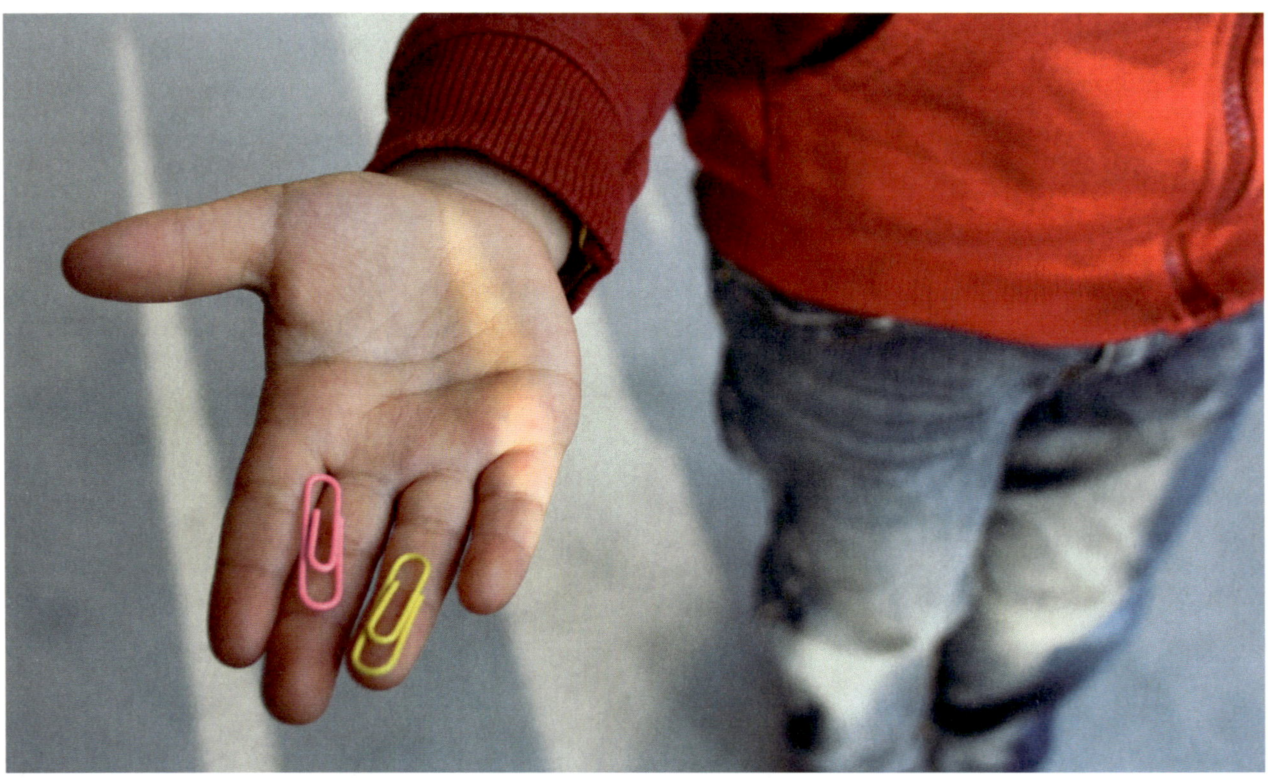

2. Übung

Für den zweiten Durchgang wählen die Kinder **andere Büroklammern**. Zudem können die Kinder eine **andere Stiftfarbe** auswählen.

Schlussrunde

Nachdem jedes Kind wieder etwa 4-mal seine Schiffe an Land ziehen konnte, rufen Sie: **„Schiff ahoi!"** Daraufhin räumen die Kinder ihre Arbeitsplätze auf und bringen die Blätter in den Kreis. Im Kreis erhalten alle ein positives Feedback zu den Spuren ihrer Pirat*innen.

Basteltipp für die 5. Lerneinheit

In der 5. Lerneinheit brauchen die Kinder zur gegenseitigen Beobachtung ein gebasteltes Fernrohr. Dies können Sie gut nach dem Ablauf der 3. Lerneinheit gemeinsam mit den Kindern herstellen.

Fernrohr basteln
Bringen Sie für jedes Kind eine leere Haushaltsrolle aus Karton mit oder bitten Sie die Familien, diese vorab zu sammeln. Mit deckenden Wasserfarben lassen sich die Rollen einfach mit Pinsel und Farbe verschönern. Zusätzlich können Sie auch kleine Dekorationselemente aufkleben lassen. Eine solche feinmotorische Bastelarbeit macht den Kindern Spaß und die Produkte finden bei der 5. Lerneinheit Verwendung. Jedes Kind besitzt dann sein eigenes Fernrohr.

Meeresbild für vertikale Spuren

4. Lerneinheit
Freies Schlaufenfahren

Ziele

Jetzt, da die Kinder bereits eine gute Basis bezüglich der Stifthaltung haben, geht es in dieser 4. Lerneinheit um eine **korrekte Handhaltung**. Das Augenmerk wird darauf gelenkt, dass das Handgelenk sowie der Unterarm beim „Spurenhinterlassen“ **auf der Zeichenfläche** liegen. Dies entlastet den gesamten Arm und fördert dadurch die Ausdauer des Kindes bezüglich des Schreibens.

Außerdem üben die Kinder das **Zeichnen von Schlaufen und Bögen**. Solche werden die Kinder später bei mehreren Buchstaben und Zahlen regelmäßig ausführen.

© Stephanie Naki

Vorwissen

Das Beobachtungsschiff

– die korrekte Handhaltung beim Zeichnen und Schreiben

Beim Schreiben und Zeichnen liegt die Schreibhand mit der Kleinfingerseite auf der Schreibunterlage (vgl. Kapitel Hintergrundwissen Grafomotorik). In der Bilderwelt der Piraten-Thematik berührt sie somit das „Meer“. Gleichermaßen tut es der Unterarm.

Damit die Kinder auf eine korrekte Handhaltung achten, nutzen sie ein Hilfsmittel: eine große Büroklammer, die sich unter der Schreibhand befindet und beim Führen des Piratenschiffes mitgeführt werden muss. Diese Büroklammer ist das Beobachterschiff. Sobald es verloren geht, weiß man, dass die Schreibhand nicht auf der Tischoberfläche gelegen hat.

Die gemeinsame Aktivität

– gezielte Gelenkbewegungen

Bei der gemeinsamen Aktivität dieser Lerneinheit wird das Augenmerk auf die Gelenke gerichtet. Beim Zeichnen und Schreiben sind nicht nur die Finger, sondern auch das Handgelenk und das Schultergelenk regelmäßig aktiv. Bei dieser Übung machen Sie gezielte Gelenkbewegungen vor, welche die Kinder nachahmen sollen.
Der sprachliche Aspekt dieser gemeinsamen Aktivität ist nicht zu vernachlässigen. Manche Kinder erweitern dabei ihren Wortschatz („Schulter“, „Hand“, „Finger“ und „gewandt“), andere verinnerlichen dadurch den deutschen Satzbau. Daher lohnt es sich, an dieser Stelle die einzelnen Wörter gemeinsam zu besprechen.

Ablauf

Material

- Piratenhut für die Fachkraft
- diverse Büroklammern
- pro Kind eine große Büroklammer (Gr. 5 = 43 mm) ohne scharfe Kantent
- kindgerechte, dicke Farb- und Bleistifte
- pro Kind ein DIN-A3-Blatt mit einem Meeresbild und drei Schiffsanlegestellen (Kopiervorlage E)

Vorbereitung

Für den Einstieg brauchen Sie neben Ihrer eigenen Vorbereitung auf den „Spruch zur Gelenkbewegung“ nichts weiter.
Während dieser Einheit arbeitet jedes Kind bei beiden Übungen für sich allein. Daher müssen Sie vorab das Arbeitsblatt (Kopiervorlage E) in Gruppenstärke auf A3 vergrößert kopieren. Zudem braucht diesmal jedes Kind zusätzlich eine große Büroklammer (Beobachterschiff).

4. Lerneinheit

Freies Schlaufenfahren

Einstieg

Setzen Sie sich gemeinsam mit den Kindern in einen Kreis. Mit den entsprechenden Bewegungen (vgl. S. 17) singen Sie mit den Kindern den Piratensong.

Im Kreis führen Sie nun die gemeinsame Aktivität mit den gezielten Gelenkbewegungen (Finger-, Hand- und Schultergelenke) durch. Erzählen Sie zum Einstieg von den drei kleinen Pirat*innen, die sich nahezu immer auf ihrem Piratenschiff befinden.

> *Möglicher Erzähltext:*
> „Das Schiff bewegt sich durch die Wellen immer ein wenig. Auch beim Zeichnen und Schreiben bewegen sich jeweils nicht nur die Finger. Bei größeren Bewegungen bewegen sich auch euer Hand- und Schultergelenk. Jeden Morgen müssen sich alle unsere Pirat*innen auf dem Piratenschiff aufwärmen, damit sie gut segeln können. Und so wärmen wir heute auch unsere Gelenke auf."

Kreisen Sie Ihre Schultern und sagen Sie dazu den passenden Spruch (s. u.). Die Kinder wiederholen. Danach bewegen Sie Ihr Handgelenk und verfahren gleichermaßen. Anschließend folgen die Finger.

> **Spruch zur Gelenkbewegung**
>
> Die Schulter ist hier, …
> beweg sie mit mir.
>
> Das ist die Hand, …
> beweg sie gewandt.
>
> Das sind die Finger, …
> sie bewegen sich immer.

Wenn die Kinder den Spruch verinnerlicht haben, kann **ein Kind das Kommando übernehmen**. Es bewegt die Schulter, die Hand oder die Finger auf eine andere Weise. Alle machen die Bewegung nach und gemeinsam sagen sie den entsprechenden Spruch auf.
Nach etwa fünf Minuten teilen Sie den Kindern mit, dass Sie dieses Spiel in zwei Wochen nochmals durchführen werden, und beenden es vorerst. Machen Sie nun die 1. Übung vor und informieren Sie die Kinder darüber, dass sie beim nächsten „Schiff ahoi!" mit ihrem Piratenschiff nach Hause fahren und anschließend in den Sitzkreis kommen sollen.

1. Übung

Jedes Kind bekommt das von Ihnen vorbereitete **DIN-A3-Blatt** sowie eine Büroklammer und darf einen Farbstift als Mast aussuchen.
Eine Anlegestelle ist im Besitz des Kindes und die anderen gehören seinen Freund*innen. Als Erstes sollen die Kinder bestimmen, wem diese anderen Schiffsanlegestellen gehören. Erst danach beginnen sie, mit Schlaufen- und Bogenbewegungen ihr farbiges Schiff von einem Hafen zum anderen fahren. Die Schlaufen drücken auf der Fahrt ihre Freude aus. So besuchen sie mit ihren kleinen Pirat*innen nacheinander die verschiedenen Freundinnen und Freunde. Dabei wird regelmäßig auf die schönen Spuren aufmerksam gemacht und dazu ermuntert, den Mast, also den Farbstift, zu wechseln.

Gemeinsames Betrachten

Nach einer gewissen Zeit rufen Sie: **„Schiff ahoi!"** Jedes Kind fährt noch mit seinem Piratenschiff zur eigenen Schiffsanlegestelle und kommt anschließend in den Kreis.
Im Kreis wird den Kindern das **Beobachterschiff vorgestellt** (vgl. Vorwissen).
Als Vorstellungshilfe können Sie den Kindern das Bild des Beobachterschiffes von Kopiervorlage G (S. 31) zeigen.

4. Lerneinheit

Freies Schlaufenfahren

Möglicher Erzähltext:
„Immer wenn ihr unterwegs seid, sind eure Eltern, ich oder eine andere erwachsene Person in der Nähe. So ist es auch bei den kleinen Pirat*innen. Ihre Erzieherin fährt mit einem Beobachterschiff immer direkt in der Nähe und beobachtet sie von dort aus. Sie hilft immer, wenn es nötig ist. – Jedes Kind erhält nun eine große Büroklammer als Beobachterschiff. Lege die Büroklammer unter deine Hand und führe sie immer mit. Pass gut auf, dass du deine Erzieherin in diesem Beobachterschiff nicht verlierst!"

Zeigen Sie die zweite Übung im Kreis, sodass die Kinder sie anschließend selbstständig am Platz ausführen können.

2. Übung

Jedes Kind erhält **eine zusätzliche große Büroklammer**, die unter der Schreibhand als Beobachterschiff mitfährt. Die Kinder ziehen wieder freie Schlaufen und sollen darauf achten, dass ihre Schreibhand die Zeichenfläche berührt und so das Beobachterschiff nicht verloren geht.

Schlussrunde

Sobald Sie den Eindruck haben, dass fürs Erste genügend geübt worden ist, rufen Sie: **„Schiff ahoi!"**, und gemeinsam werden die Arbeitsplätze aufgeräumt.
Im Kreis werden die schönen Spuren begutachtet und die **Kinder können erzählen**, wen sie alles mit ihrem Schiff besucht haben und wie sie es fanden, mit dem Beobachterschiff zu fahren.

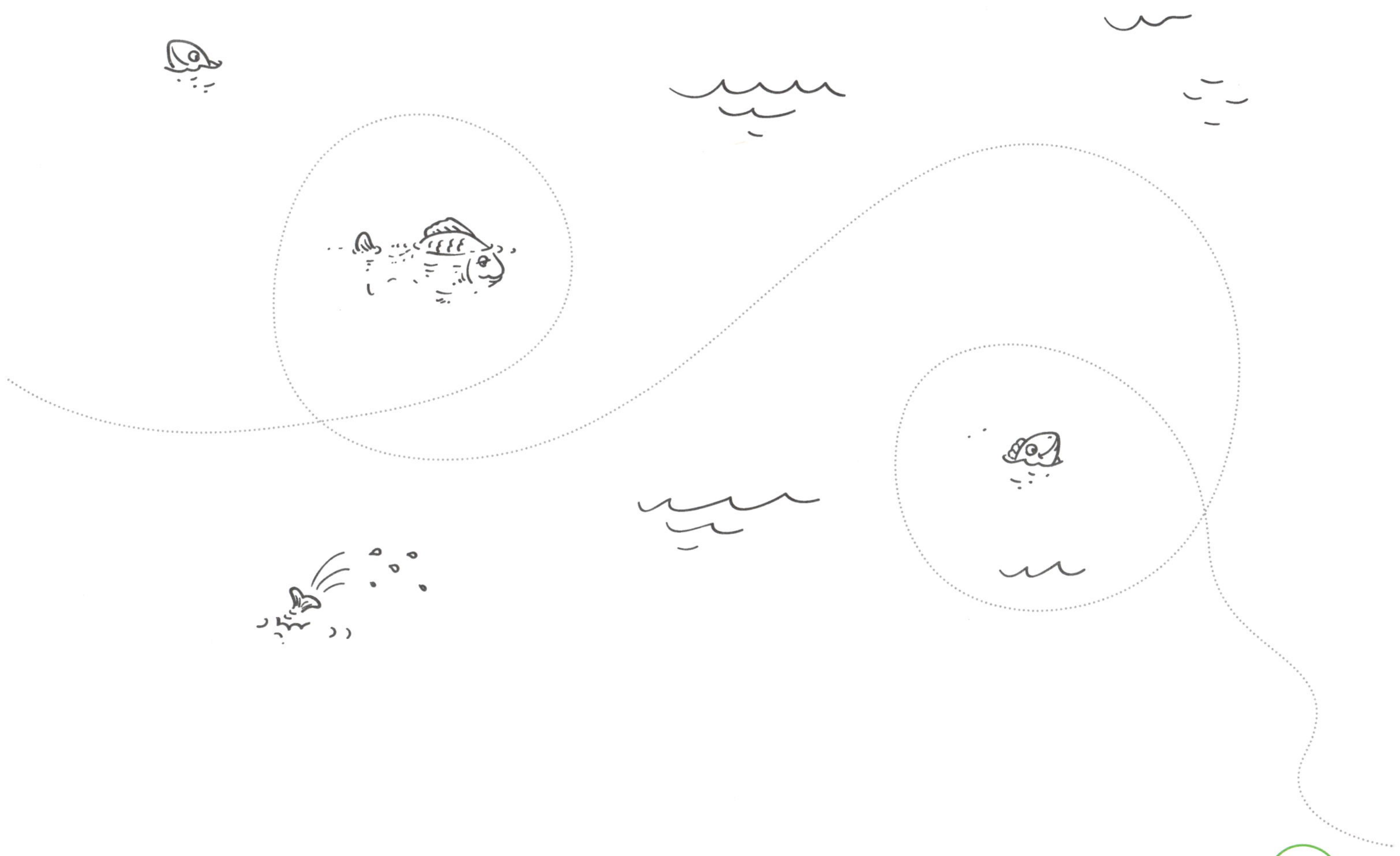

Meeresbild mit Schiffsanlegestellen

5. Lerneinheit

Das Umfahren von Seeungeheuern

Ziele

Während dieser 5. Lerneinheit konzentrieren sich die Kinder auf eine **gute Hand- und Stifthaltung**. Diese zwei Haltungen machen sie sich bewusst, indem sie ihre*n Partner*in bezüglich dieser zwei Kriterien beobachten.
In dieser Hinsicht lernen sie **das gezielte Beobachten**. Dies fördert auch die **sozialen Kompetenzen** der Kinder, da sie gegenseitig aufeinander achtgeben und sich gegenseitig kommentieren. Schlussendlich üben die Kinder dabei, sich selbst realistisch einzuschätzen.

Vorwissen

Das gegenseitige Beobachten

In dieser Lerneinheit beobachten sich die Kinder während der 2. Übung gegenseitig. Das gegenseitige Beobachten mit dem gebastelten Fernrohr bewirkt spielerisch eine gezielte Fokussierung auf die Stift- und Handhaltung. Während das Kind mit dem Fernrohr bzw. mit der Küchenrolle die Tätigkeit eines anderen Kindes verfolgt, achtet es auf zwei konkrete Beobachtungspunkte:

1. Steuert das andere Kind den Stift mit seinen drei Pirat*innen?
2. Bleibt das Beobachterschiff unter der Schreibhand?

So achtet es implizit auf die Stift- und Handhaltung des Kindes. Durch das Einnehmen des neuen Blickwinkels fällt es den Kindern leichter, sich gezielt auf die genannten Kriterien zu konzentrieren. Zudem weiß das beobachtete Kind, worauf das andere schaut, und achtet somit besser und konzentrierter auf die eigene Stift- und Handhaltung.
Das Einhalten konkreter Kriterien wird im Schulverlauf der Kinder immer wichtiger sein und somit ist die Übung des gegenseitigen Beobachtens eine gute Vorbereitung, denn Sie werden feststellen, dass sich auch das beobachtete Kind anschließend besser einschätzt. Und die Selbstkompetenz beeinflusst ein gutes Lernergebnis.

Ablauf

Material

- Piratenhut für die Fachkraft
- diverse Büroklammern
- große Büroklammern ohne scharfe Kanten (Gr. 5 = 43 mm)
- kindgerechte, dicke Farb- und Bleistifte
- Wassertier-Spielzeuge (z. B. Hai, Wal, Krokodil, Wassersaurier)
- pro Kind ein DIN-A3-Blatt mit der Darstellung eines Meeres mit Seeungeheuern (Kopiervorlage F)
- die 2 Fragebilder zur 5. Lerneinheit (Kopiervorlage G), am besten jedes auf DIN A4 kopiert
- mindestens pro 2er-Gruppe eine leere Küchenrolle bzw. ein selbst gebasteltes Fernrohr (vgl. S. 21)

Vorbereitung

Für den Einstieg müssen Sie neben dem bekannten Piratensong das gemeinsame Gespräch über Seeungeheuer vorbereiten (s. u.).
Bei dieser Lerneinheit arbeiten die Kinder zuerst in Einzelarbeit und bei der 2. Übung zu zweit. Daher müssen Sie für jedes Kind eine Vorlage vorbereiten. Kopieren Sie dazu Kopiervorlage F auf DIN-A3-Größe. Legen Sie auch die selbst gebastelten Fernrohre bereit. Kopieren Sie zudem die Kopiervorlage G einmal und hängen Sie die zwei zu dieser Lerneinheit gehörenden Bilder mit den dargestellten Beobachtungskriterien an einem gut sichtbaren Ort auf.

Einstieg

Setzen Sie sich gemeinsam mit den Kindern in einen Kreis. Mit den entsprechenden Bewegungen (vgl. S. 17) singen Sie mit den Kindern den **Piratensong**. Als gemeinsame Aktivität soll ein **Gespräch zum Thema Meerestiere** entstehen. Die Pirat*innen mieden früher vermeintliche Seeungeheuer und genau das werden heute die Kinder mit ihren Schiffen auch tun. Versetzen Sie sich in eine*n vor langer Zeit lebende*n Piratin oder Piraten und **beschreiben Sie die Angst** vor Seeungeheuern anschaulich.

5. Lerneinheit

Das Umfahren von Seeungeheuern

Die Wassertier-Spielzeuge und der unten stehende mögliche Erzähltext helfen Ihnen dabei.

Möglicher Erzähltext:
„Was wisst ihr über Seeungeheuer? (Lassen Sie die Kinder erzählen.)

Habt ihr auch schon vom Piratenschiff ‚Der wilde Hai' gehört? Es ist nicht mehr zurückgekommen! – Bestimmt wurde es von den Seeungeheuern geschnappt. Diese Seeungeheuer sind so gefährlich. Wenn ihr eines seht, dann fahrt in einem großen Bogen 2-mal darum herum! Das ist das Beste, was ihr machen könnt. Heute übt ihr, diese Seeungeheuer zu umfahren!"

Führen Sie nun die 1. Übung dieser Lerneinheit vor.

1. Übung

Jedes Kind erhält ein DIN-A3-Blatt mit einem aufgezeichneten Meer, drei Seeungeheuern und zwei Schiffsanlegestellen (Kopiervorlage F).
Die Kinder führen ihr Schiff (die Büroklammer) mit dem Stift um die aufgezeichneten Seeungeheuer herum. **Diese Ungeheuer dürfen von den Schiffen nicht berührt werden.** Gleichzeitig befindet sich unter dem Handgelenk das **Beobachterschiff** (größere Büroklammer) aus der letzten Lerneinheit.

© Stephanie Naki

5. Lerneinheit

Das Umfahren von Seeungeheuern

Gemeinsames Betrachten

Nachdem jedes Kind mehrmals mit seinem Schiff und dem Beobachterschiff um die Seeungeheuer herumgefahren ist, rufen Sie: **„Schiff ahoi!"** Jedes Kind fährt mit seinem Schiff **noch an eine Anlegestelle zurück, bevor es in den Kreis kommt**.
Im Kreis zeigen Sie den Kindern das Fernrohr bzw. die verzierte Küchenrolle. Erklären Sie den Kindern, was die Pirat*innen mit dem Fernrohr machten.

Möglicher Erzähltext:
„Wenn die Pirat*innen mit ihrem Schiff auf dem Meer sind, halten Sie mit dem Fernrohr Ausschau. Ein ganz genaues Hinsehen ist dabei wichtig. Vielleicht entdecken sie einen Felsen, den sie nicht berühren dürfen. Ein anderes Mal entdecken sie ein gegnerisches Schiff, das sie angreifen möchten. Es kann auch sein, dass sie im Wasser ein großes Seeungeheuer sehen.

Mit eurem selbst gebastelten Fernrohr dürft ihr bei der nächsten Übung ganz genau beobachten."

Zur visuellen Unterstützung der zwei Beobachtungspunkte werden an einem gut sichtbaren Ort im Zimmer die zwei entsprechenden Fragebilder (Kopiervorlage G) aufgehängt. Die Kinder können sich daran orientieren.
Machen Sie die 2. Übung dieser Lerneinheit mit zwei Kindern exemplarisch vor.

Beobachtungspunkte

1. Wird das Schiff mit den drei Pirat*innen gesteuert? = Ist die Stifthaltung in Ordnung?
2. Fährt das Beobachterschiff immer mit? = Liegt die Handkante auf der Tischoberfläche?

2. Übung

Immer zwei Kinder erhalten ein Fernrohr. **Ein Kind hält das Fernrohr** und beobachtet damit das andere Kind beim Umfahren der Seeungeheuer. Dabei soll es auf die zwei Beobachtungspunkte achten (siehe Kasten). Zur visuellen Unterstützung dienen die zwei Fragebilder (Kopiervorlage G), welche die Beobachtungspunkte nochmals hervorheben. Machen Sie die Kinder mehrmals darauf aufmerksam. Nach einer gewissen Zeit werden **die Rollen getauscht**.

Schlussrunde

Nachdem jedes Kind 3-mal in die entsprechende Rolle schlüpfen durfte, rufen Sie: **„Schiff ahoi!"** Daraufhin räumen die Kinder ihre Arbeitsplätze auf und bringen die DIN-A3-Blätter in den Kreis.
Im Kreis können die Kinder **von ihren Beobachtungen berichten**. Hierbei helfen nochmals die Fragebilder. Die Kinder können auch erzählen, ob sie die Aufgabe als schwierig empfunden haben.

Kopiervorlage F

Meer mit Seeungeheuern

Für die 5. Lerneinheit

Dorothee Wolters

Für die 5. Lerneinheit

Dorothee Wolters

Für die 6. Lerneinheit

© kovalto1– stock.adobe.com

Für die 6. Lerneinheit

Dorothee Wolters

6. Lerneinheit

Den Schatz nicht verlieren

Ziele

Ein Ziel der 6. Lerneinheit besteht darin, **den Stift genau und vorsichtig führen** zu lernen. Das Umfahren der Felsen dieser Lerneinheit bewirkt automatisch, dass die „schnellen Schifffahrer*innen" gebremst werden. Gerade in heterogenen Kindergruppen kann mit den bereits erlernten Elementen gut differenziert werden. Die Kinder werden beim Umfahren der Felsen auf ein genaues Führen des Schiffes achten. Hier besteht die Möglichkeit, an den **individuellen Schwerpunkten**, die in der 1. Lerneinheit herausgearbeitet worden sind, zu arbeiten.

Neben diesem Ziel wird weiterhin an der **korrekten Hand- und Stifthaltung** geübt. Außerdem werden wieder **das genaue Beobachten und die gegenseitige Rückmeldung trainiert**, was die Selbsteinschätzung der Kinder positiv fördert.

Mögliche Schwerpunkte der einzelnen Kinder

- Ist die Stifthaltung in Ordnung?
- Liegt die Handkante auf der Tischoberfläche?
- Ist die Sitzhaltung in Ordnung?
- Wie ist der Stiftdruck? Zu stark oder vielleicht zu schwach?
- Wie sieht es mit der Sorgfalt aus?
- Schaut das Kind auf sein Piratenschiff?

Vorwissen

Differenzierungsmöglichkeiten

Zum Zeitpunkt dieser 6. Lerneinheit kennen die Kinder alle Übungsformen zur korrekten Stift- und Handhaltung – es fehlt bloß noch das Einüben, dass die passive Hand (Haltehand) auf dem Zeichnungsblatt liegt und mit ihrem Eigengewicht das Blatt festhält. Diese Thematik wird in der 7. Lerneinheit behandelt.

Diese Lerneinheit stellt somit die letzte Übung mit den Büroklammern dar. Sie eignet sich für ein differenziertes Arbeiten. Man kann die Kinder beispielsweise an die drei Pirat*innen erinnern oder ihnen ein Beobachterschiff geben, damit die Schreibhand auf dem Tisch aufliegt. Oder Sie können explizit auf das Hinterlassen von schönen Spuren aufmerksam machen. Bestimmte Kinder kann man darauf hinweisen, dass sie vorsichtig arbeiten, also die Felsen nicht berühren. So gibt es jetzt viele unterschiedliche Differenzierungsmöglichkeiten.

Ablauf

Material

- Piratenhut für die Fachkraft
- große Büroklammern (Gr. 5 = 43 mm) ohne scharfe Kanten
- kindgerechte, dicke Farb- und Bleistifte
- pro Kind ein großes Meeresbild, wenn möglich auf DIN A3 hochkopiert, mit Felsen, die umfahren werden müssen (Kopiervorlage H)
- pro 2er-Gruppe ein Fernrohr (oder Küchenrolle)
- die 2 Fragebilder zur 6. Lerneinheit (Kopiervorlage G), jedes möglichst in DIN A4
- Muggelsteine (abgeflachte Glas- oder Plastiksteine)

6. Lerneinheit

Den Schatz nicht verlieren

Vorbereitung

Am besten ist es, wenn Sie im Vorfeld auf dem ausgefüllten Beobachtungsbogen aus der 1. Lerneinheit noch einmal die notierten Schwerpunkte für die einzelnen Kinder ansehen. Eventuell können Sie daraus unterschiedliche Differenzierungsmaßnahmen für einzelne Kinder ableiten.
Überlegen Sie sich mögliche Beobachtungspunkte (s. o.) für jedes Kind. Notieren Sie sich anschließend, welches Kind Sie worauf aufmerksam machen möchten.
Legen Sie die Fernrohre und die bereits kopierten Fragebilder bereit. Kopieren Sie aus der Kopiervorlage G die Fragebilder zur 6. Lerneinheit in DIN-A4-Größe. Kopieren Sie Kopiervorlage H für jedes Kind auf DIN-A3-Größe.

Einstieg

Setzen Sie sich gemeinsam mit den Kindern in einen Kreis. Mit den entsprechenden Bewegungen (vgl. S. 17) singen Sie mit den Kindern den **Piratensong**. Als gemeinsame Aktivität nehmen Sie das Spiel mit den **gezielten Gelenkbewegungen (Finger-, Hand- und Schultergelenke)** aus der 4. Lerneinheit nochmals auf (vgl. S. 23). Dabei sollten Sie darauf achten, dass jedes Kind mal die Leitung übernehmen darf.

Spruch zur Gelenkbewegung

Die Schulter ist hier, ...
beweg sie mit mir.

Das ist die Hand, ...
beweg sie gewandt.

Das sind die Finger, ...
sie bewegen sich immer.

1. Übung

Starten Sie im Kreis mit der Thematisierung der Piratenschätze.

Möglicher Erzähltext:

„Was passiert, wenn ihr mit eurem Schiff in einen Felsen fahrt?" (Antworten der Kinder abwarten)
„Ja, das Schiff würde wahrscheinlich sinken und ihr würdet ins Meer zu den Seeungeheuern fallen. – Heute darf jedes Kind mit einem großen Schiff, der großen Büroklammer, fahren. Auf diesem Schiff befindet sich dein Piratenschatz und auf diesen musst du gut aufpassen. Er darf nicht ins Wasser fallen und du darfst mit deinem Schiff die Felsen nicht berühren."

Jedes Kind bekommt ein DIN-A3-Blatt mit vier im Wasser aufgezeichneten Felsen (Kopiervorlage H). Von der Schiffsanlegestelle aus führt jedes Kind sein **großes Schiff** (große Büroklammer) mit einem **geladenen Schatz (Muggelstein)** um die Felsen herum. Je nach Bedürfnis können Sie den einzelnen Kindern ein individuelles Ziel erteilen (vgl. Vorwissen).

Gemeinsames Betrachten

Sobald die Kinder sich mit dem Fahren des größeren Schiffes inklusive Schatz einigermaßen sicher fühlen, rufen Sie: **„Schiff ahoi!"** Im Kreis werden **2er-Gruppen** gebildet und jede erhält ein Fernrohr. Zeigen und erläutern Sie die 2. Übung dieser Lerneinheit exemplarisch mit zwei Kindern.

Den Schatz nicht verlieren

Möglicher Auftrag:

„Beobachte, wie dein Partnerkind arbeitet. Guck, ob der Schatz auf dem Schiff liegen bleibt und die Felsen gut umfahren werden. Wenn ich ‚Wechseln' rufe, wechselt ihr eure Rollen. Nun fährt das Kind, das vorher beobachtete, mit dem Schatz um die Felsen. Das andere bekommt das Fernrohr und beobachtet. Achtet wieder darauf: Bleibt der Schatz auf dem Schiff? Und werden die Felsen gut umfahren?"

Zur visuellen Unterstützung der zwei Beobachtungspunkte werden an einem gut sichtbaren Ort im Zimmer die zwei entsprechenden Fragebilder (Kopiervorlage G) aufgehängt. Die Kinder können sich daran orientieren.

2. Übung

Die Kinder arbeiten nun zu zweit. Jeweils ein Kind beobachtet **mit dem Fernrohr** und achtet dabei auf die Kriterien, die auf den zwei Fragebildern dargestellt sind. Das andere Kind transportiert den Schatz zwischen den Felsen hindurch.
Die Rollen werden mehrmals getauscht.

Schlussrunde

Nachdem jedes Kind 2-mal in die entsprechende Rolle schlüpfen durfte, rufen Sie: **„Schiff ahoi!"** Daraufhin räumen die Kinder ihre Arbeitsplätze auf und bringen die Blätter in den Kreis.

Im Kreis können die Kinder **von ihren Beobachtungen berichten** und anhand der Fragebilder gezielt etwas zu den Beobachtungspunkten erzählen.

Meeresbild mit Felsen

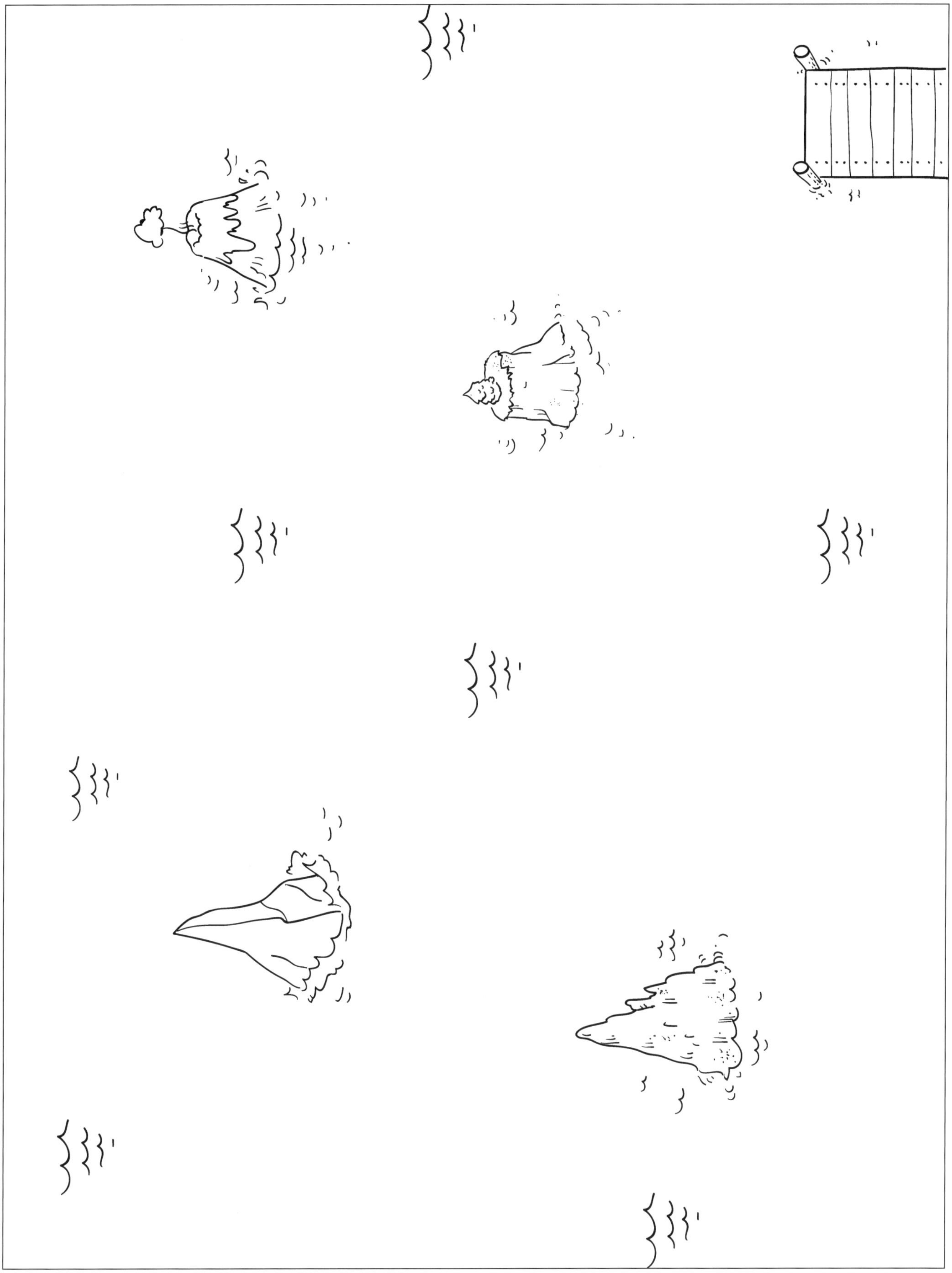

7. Lerneinheit

Schöne Spuren hinterlassen

Ziele

Bei dieser 7. Lerneinheit ist ein Ziel, die **passive Hand richtig einzusetzen**. Diese sogenannte Haltehand hält das Papier fest und liegt somit auch auf der Tischoberfläche.

Neben dieser Thematik lernen die Kinder **konkrete Schwungübungen für Bögen und Schlaufen**, also Formelemente, die bei unterschiedlichen Buchstaben und Zahlen vorkommen („e“, „n“ und „u“, „2“, „3“ und „5“). Damit sich die Kinder gut auf die Schwungübungen konzentrieren können, werden in dieser Lerneinheit keine Büroklammern mehr verwendet.

Vorwissen

Die Haltehand

In den bisherigen Lerneinheiten wurde nur die Schreibhand thematisiert, nun wird ein Blick auf die passive Hand geworfen (vgl. Kapitel Hintergrundwissen Grafomotorik, S. 5).

Bei beiden Übungen dieser Lerneinheit wird ein DIN-A3-Blatt der Länge nach halbiert, sodass zwei Streifen entstehen. Diese Streifen liegen ein wenig schräg vor dem Kind. Eine rechte Schreibhand bewegt sich von unten links nach oben rechts, eine linke Schreibhand von oben links nach unten rechts. Da die Kinder darauf großzügige Formen zeichnen, ist die Haltehand notwendig, um das Verschieben des Blattes zu verhindern.

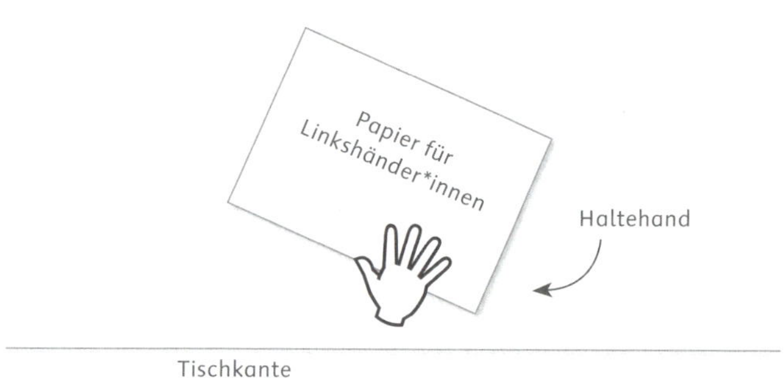

Die passive Hand der Rechtshänder*innen befindet sich jeweils am linken Rand des Blattes, was sich ganz logisch ergibt, da das Blatt so nicht in Schreibrichtung weiterrutscht. Bei Linkshänder*innen kann sich die passive Hand natürlich nicht links befinden. Rechts kann die passive Hand zwar liegen, jedoch ist das Halten des Blattes nur bedingt möglich, da dieses trotzdem verrutschen kann. Alternativ kann die Haltehand das Blatt unterhalb der linken Schreibhand festhalten und am unteren Blattrand mitwandern.

Das Fingerspiel: Piratensegel

Bei diesem Spiel werden die Fingerspitzen gegeneinandergelegt und die Finger einzeln bewegt. Dies fördert die visuelle und die sensitive Wahrnehmung. Zudem fördert es die Feinmotorik und die Fingerbeweglichkeit, da beide Hände in der gleichen Art bewegt werden.

Ablauf

Material

- Piratenhut für die Fachkraft
- kindgerechte, dicke Farb- und Bleistifte
- pro Kind ein längs halbiertes DIN-A3-Blatt (Kopiervorlage I) mit Felsen
- ein Fernrohr zur spielerischen Beobachtung der Kinder

Vorbereitung

Für die zwei Übungen müssen Sie die Kopiervorlage I für jedes Kind auf DIN-A3-Größe vergrößern. Danach müssen Sie das Blatt längs halbieren, sodass Sie je zwei unterschiedliche Übungsblätter erhalten. Je ein Übungsblatt ist für eine Übung bestimmt. Für gewisse Kinder ist es vorteilhaft, wenn Sie den ersten Durchgang bereits vorzeichnen. Das erste Übungsblatt ist jenes mit den „u“- und „n“-Mustern. Diese Übung ist für die Kinder einfacher als die 2. Übung mit den „e“-Mustern.

7. Lerneinheit

Schöne Spuren hinterlassen

Einstieg

Setzen Sie sich gemeinsam mit den Kindern in einen Kreis. Mit den entsprechenden Bewegungen (vgl. S. 17) singen Sie alle den **Piratensong**.

Als gemeinsame Aktivität wird **das Fingerspiel „Piratensegel"** durchgeführt. Die Kinder halten ihre beiden Hände mit den Handflächen gegeneinander. Dabei sollen sich jedoch nur die Fingerspitzen gegenseitig berühren. Mit den Händen wird so ein Schiffssegel dargestellt.

Die Kinder versuchen nun, zuerst die Daumen auseinanderzustrecken und gehen danach wieder in die Ausgangsstellung. Dann versuchen sie dasselbe mit den Zeigefingern usw.

Zuerst wird das Spiel einzeln durchgeführt, d.h., jedes Kind bewegt sein Schiffssegel in seinem eigenen Tempo. Danach werden die Segel durchgeschüttelt, d.h., die Kinder lockern ihre Hände wieder, indem sie sie kräftig schütteln. Nun kann versucht werden, das Fingerspiel in Partnerarbeit durchzuführen. Hierbei stehen sich zwei Kinder gegenüber. Ein Kind bildet wiederum mit seinen Händen ein Schiffssegel. Das andere Kind tippt auf einen Finger, beispielsweise auf den Ringfinger. Nun versucht das Kind, die Ringfinger auseinanderzustrecken usw. Am Ende sollen die Hände bzw. das Schiffssegel wieder gut ausgeschüttelt werden. So sind die Kinder für die 1. Übung startbereit.

1. Übung

Möglicher Erzähltext:

„Eure kleinen Pirat*innen sind nun richtige Expert*innen geworden. Ich bin mir sicher, dass ihr nun mit einem unsichtbaren Schiff fahren könnt. Mit diesem Schiff werdet ihr heute schöne Spuren hinterlassen. Aber pass auf, du musst mit deiner anderen Hand das Papier festhalten, sonst rutscht es weg!
Spure jedes Muster 3-mal mit derselben Farbe nach. Danach kannst du die Farbe wechseln.
Ich komme bei jedem Kind vorbei und schaue durch mein supergutes Fernrohr. Dann gucke ich, ob deine andere Hand denn auch das Blatt festhält.

Sobald ich ‚Schiff ahoi!' rufe, kommt ihr mit euren schönen Spuren in den Kreis. Dort werden wir sie genauer betrachten."

Nach dem Erzähltext nehmen Sie das erste Übungsblatt und zeigen die Aufgabe. Hierbei ist es wichtig, dass die Kinder sehen, auf welcher Seite sie starten müssen und wie die Spuren schlussendlich aussehen werden.

Jedes Kind erhält ein Felsenblatt mit den durchzuführenden „u"- und „n"-Mustern. Sie starten jeweils links, sodass „u"- und „n"-Muster entstehen. Die Kinder führen ihren Stift **ohne Büroklammer**, doch damit sie innerlich beim Piratenthema bleiben, können Sie sie gern an ihr unsichtbares Schiff erinnern.

7. Lerneinheit

Schöne Spuren hinterlassen

Gemeinsames Betrachten

Sobald alle Kinder beide Muster mindestens mit drei unterschiedlichen Farben nachgefahren haben, rufen Sie: **„Schiff ahoi!"** Die Kinder sollen ihre Zeichenergebnisse in den Kreis mitbringen.

Im Kreis werden die vielen farbigen Spuren betrachtet. Die Kinder können erzählen, wie **das Festhalten des Blattes** klappte und ob sie beim Ausführen der Muster Schwierigkeiten hatten. An dieser Stelle wird nochmals auf die Haltehand aufmerksam gemacht.

Anschließend wird die nächste Übung vorgestellt und mitgeteilt, dass beim nächsten „Schiff ahoi!" alles aufgeräumt wird.

2. Übung

Für diese Übung bekommt jedes Kind das **längs halbierte DIN-A3-Blatt**, auf dem ein „e"-Muster ausgeführt wird. Diese Übung sollte unbedingt vorgemacht werden. Ein bewusstes Ausführen von Schlaufen fällt nicht allen Kindern leicht.

Bei Kindern, die Mühe haben, lohnt es sich, ihre Hand über das Muster zu führen. Rasch werden sie die Bewegung übernehmen und das Muster beim nächsten Mal eigenständig ausführen. Am Ende der Übung sollen die Kinder alle **Überschneidungen/Kreuzungen mit einem sichtbaren Punkt markieren**. Bei jedem „e" gibt es eine Überschneidung, die den Kindern ins Bewusstsein gerufen werden soll.

Schlussrunde

Nachdem jedes Kind die „e"-Muster mindestens 3-mal mit drei Farben nachgefahren ist, rufen Sie: **„Schiff ahoi!"** Daraufhin fährt jedes Kind mit seinem unsichtbaren Schiff noch bis zum Ende des Blattes. Danach räumen die Kinder ihre Arbeitsplätze auf und kommen mit ihren Arbeitsergebnissen in den Kreis.

Im Kreis können die Kinder **von ihren Erfahrungen berichten**. Sie erzählen, ob **ihre passive Hand** das Blatt festgehalten hat und ob Sie dieses zweite Arbeitsblatt als schwieriger empfunden haben.

Kopiervorlage I

Das Hinterlassen von schönen Spuren

1. Übung

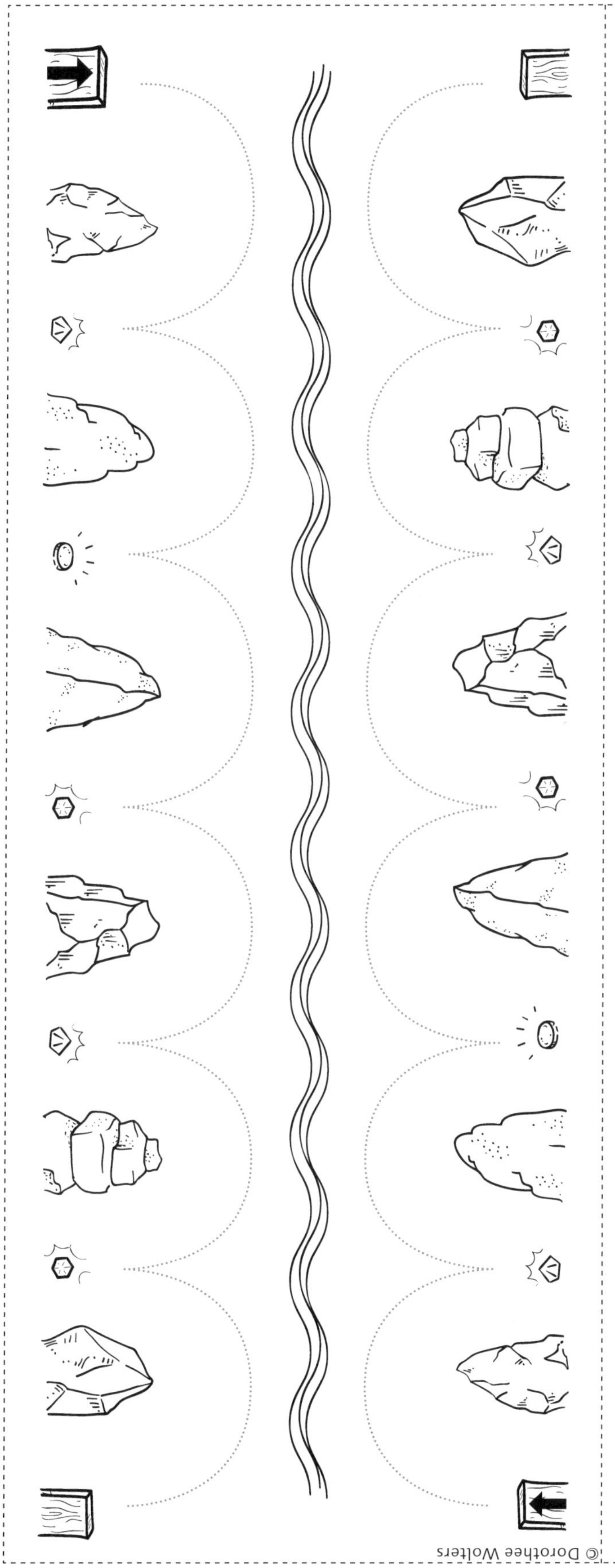

2. Übung

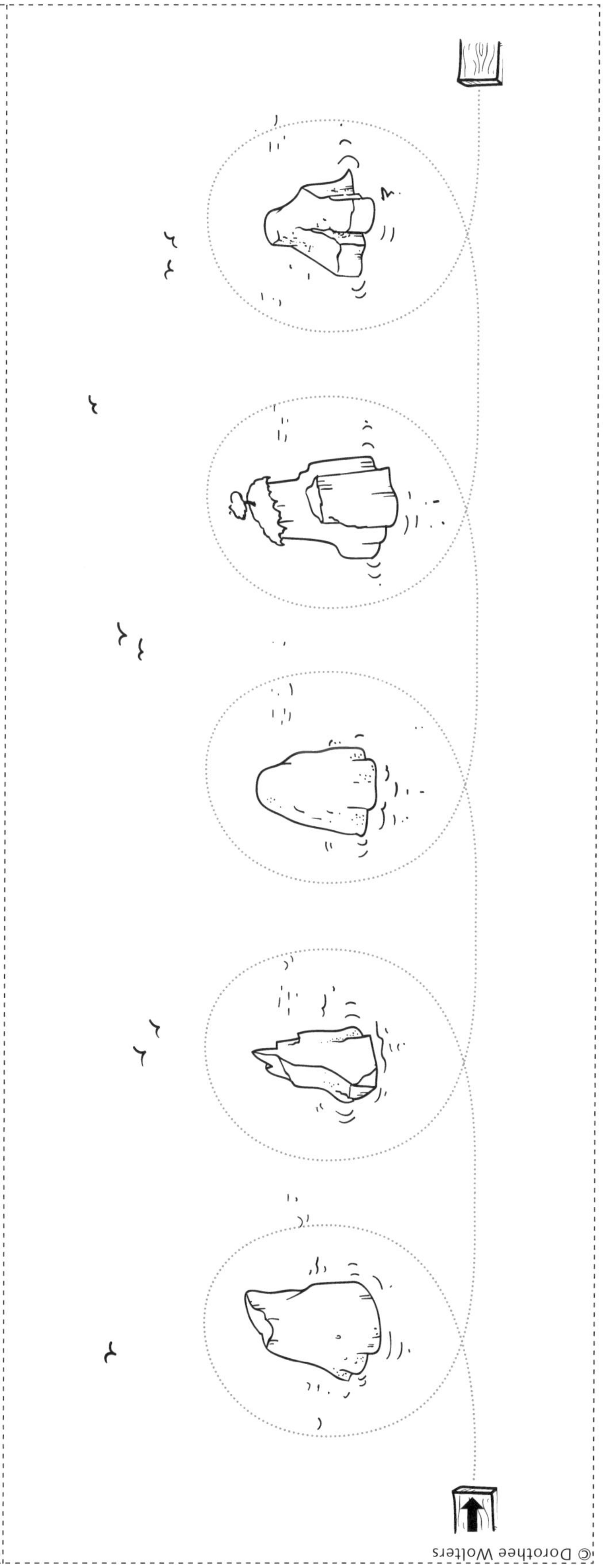

8. Lerneinheit
Ein Blick zurück

Ziele

Diese letzte Lerneinheit rundet das Gelernte ab. Alle geübten Stiftführungen werden im **Abschlussheft** (Kopiervorlage J) nochmals gezeigt und jedes Kind schätzt sich selbst ein. Auch kleben sie ihr eingangs gestaltetes Ausmalbild hier auf. Das Heft wird zur Dokumentation und Erinnerung den Eltern mitgegeben oder im Portfolio- oder Vorschul-Ordner des Kindes abgelegt. So kommt der gesamte Mini-Kurs zu einem auch für die Kinder nachvollziehbaren Abschluss.

Zudem können Sie nun die Stifthaltung vom Start dieses Kurses mit der jetzigen Stifthaltung vergleichen und **die Fortschritte fotografisch dokumentieren**.

Vorwissen

Abschlussheft

Im Abschlussheft werden die gelernten Linienführungen nochmals zusammengefasst. Die horizontale und die vertikale Linienführung sowie das Zeichnen von Schlaufen und Bogen werden wiederholt und in diesem Heft festgehalten. Nach jeder einzelnen Übung, die das Kind jeweils 5-mal ausführt, schätzen sich die Kinder selbst ein und malen das passende Gesicht farbig aus. Das Heft kann für Elterngespräche und zur Dokumentation verwendet werden und ist eine schöne Erinnerung an diesen Mini-Kurs.

© Stephanie Naki

Piratenparcours

Als kleines Abschlussfest freuen sich die Kinder über einen Piratenparcours. Stellen Sie einen kleinen Parcours für Ihre „kleinen Pirat*innen" auf. Dieser Bewegungsparcours zum Thema kann Seile, Klettergeräte und unterschiedliche Hindernisse beinhalten. Die Kinder haben daran Freude, können ins Rollenspiel einsteigen und sich körperlich bewegen.

Parallel können Sie immer mit einem Kind seine Arbeitsergebnisse besprechen, ein letztes Foto seiner Stifthaltung machen bzw. seine Fortschritte aufzeigen und es ermuntern, weiterhin immer mit seinen kleinen Pirat*innen Spuren zu hinterlassen. Hierbei ist es wichtig, dass parallel eine Kollegin bzw. ein Kollege die Kinder im Parcours betreuen kann.

Ablauf

Material

- Piratenhut für die Fachkraft sowie ggf. Piratenaccessoires für die Kinder
- für den Einstieg: 2 Wassertier-Spielzeuge aus der 5. Lerneinheit
- für jedes Kind das Abschlussheft (Kopiervorlage J) möglichst in DIN-A3-Größe
- die gestalteten Ausmalbilder aus der 1. Lerneinheit
- Leim/Flüssigklebstoff zum Aufkleben der Ausmalbilder
- kindgerechte, dicke Farbstifte
- ein elektronisches Gerät mit Fotofunktion (Kamera, Smartphone, Tablet)
- Materialien für den Piratenparcours

Vorbereitung

Es gibt hauptsächlich zwei Vorbereitungsbereiche für diese letzte Lerneinheit. Einerseits müssen Sie die Abschlusshefte für jedes Kind auf DIN A3 kopieren und zusammenheften (siehe Kopiervorlage J).
Für das gemeinsame Ausfüllen des Abschlusshefts sollten Sie 30 Minuten einplanen. Daher wird diese letzte Lerneinheit länger als die bisherigen, was in der Planung mit berücksichtigt werden sollte.

8. Lerneinheit
Ein Blick zurück

Für eine gute Dokumentation lohnt es sich hier, am Ende des Kurses nochmals ein Foto der Stifthaltungen zu machen. Hierfür sollten Sie die Datenschutzrichtlinie Ihrer Kita beachten und eine Kamera o. Ä. bereithalten.

Andererseits sollte, falls möglich, ein Bewegungsparcours erstellt werden. Nutzen Sie den Turnraum oder das Außengelände und bieten Sie je nach der Ausstattung Ihrer Einrichtung Seile zum Schaukeln (durch die Takelage hangeln), Balanciergelegeheiten (vorsichtig über das schwankende Schiff bewegen), Klettermöglichkeiten (den Mast hochklettern), eine große, blaue Matte (im Meer schwimmen), Seile zum Tauziehen (Anker einholen) u. Ä. Als Alternative eignet sich zum Abschluss auch ein kleiner Ausflug auf einen Spielplatz. Wenn die Kinder sich dabei sogar noch ein wenig als Pirat*innen verkleiden können, umso besser. Diese Lerneinheit stellt einen wichtigen Abschluss des Mini-Kurses dar, für welchen sich der Zeitaufwand in jedem Fall lohnt. Bekanntlich besteht zwischen der Grob- und der Grafomotorik eine eindeutige Verbindung (siehe Kapitel Hintergrundwissen Grafomotorik).

Einstieg

Setzen Sie sich gemeinsam mit den Kindern in einen Kreis. Mit den entsprechenden Bewegungen (vgl. S. 17) singen Sie alle den **Piratensong**.

Als gemeinsame Aktivität wird das **Kreisspiel „Kampf der Meerestiere"** durchgeführt. Es ist ein Kreisspiel zur Förderung der Feinmotorik und der Gemeinschaft. Sie sitzen mit den Kindern im Kreis. Zeigen Sie ein Meerestier und lassen Sie es im Uhrzeigersinn von Kind zu Kind im Kreis herumgeben. Nun zeigen Sie das zweite Meerestier, das ins Spiel kommt, wenn das andere ungefähr den halben Kreis durchwandert hat, und nun schneller im Kreis herumgegeben werden soll. Danach können Sie das Spiel den Kindern folgendermaßen erklären:

> *Kreisspiel: Kampf der Meerestiere*
>
> „Dieses Meerestier gebe ich als Erstes dem Kind links von mir. Dieses Kind gibt es so schnell wie möglich dem nächsten Kind weiter. Achtung: Das Meerestier wird von einer Hand zur anderen Hand gegeben! Jede rechte und jede linke Hand soll das Tier mal gehalten haben.
> Wenig später schicke ich ein zweites Meerestier durch den Kreis, wieder zuerst dem Kind links von mir. Dieses Meerestier versucht, das andere zu fangen. Mal sehen, ob es das schaffen wird!"

8. Lerneinheit

Ein Blick zurück

1. Übung

Jedes Kind erhält ein leeres Abschlussheft (Kopiervorlage J). Achten Sie darauf, dass die Kinder alle in dieselbe Richtung schauen. So können Sie die Übungen für alle gut sichtbar vormachen. Gemeinsam wird das Abschlussheft von Seite zu Seite ausgefüllt.

Ablauf fürs Ausfüllen des Abschlusshefts

1. Name auf das Heft schreiben (je nach Fähigkeit tun Sie das oder die Kinder)
2. Ausmalbild aus der 1. Lerneinheit aufkleben
3. Erklären Sie, was in dem Text an die Eltern steht.
4. Erklären Sie die Bewertungsgesichter.
5. Nennen Sie die zwei Beobachtungspunkte der ersten Übung.
6. Machen Sie die grafomotorische Übung vor.
7. Die Kinder führen die Übung 5-mal durch.
8. Lesen Sie den ersten Beobachtungspunkt nochmals vor, die Kinder füllen ihre Selbsteinschätzung aus, indem sie ein Beurteilungsgesicht farbig ausmalen.
9. Lesen Sie den zweiten Beobachtungspunkt nochmals vor, die Kinder füllen ihre Selbsteinschätzung aus, indem sie ein Beurteilungsgesicht farbig ausmalen.

Die Punkte 5. – 9. werden für alle Übungen wiederholt.

Gemeinsames Betrachten

Sobald alle Kinder ihr Abschlussheft beendet haben, rufen Sie „Schiff ahoi!“. Im Kreis können sich die Kinder ihr fertiges Heft genauer ansehen.

2. Übung

Danach startet zum Abschluss der vorbereitete Piratenparcours. Jedes Kind kann sich eventuell ein Piratenaccessoire nehmen und mit dieser Verkleidung den vorbereiteten Parcours durchlaufen. Jeweils ein Kind befindet sich für die Rückmeldung und ein letztes Foto bei Ihnen.
Viel Spaß!

Schlussrunde

Zum Schluss können Sie noch ein letztes Mal den Piratensong singen. Anschließend werden die Abschlusshefte an ihren vorgesehenen Platz geräumt.

Übungen für eine gute Stifthaltung und Stiftführung

Name

Klebefläche
Ausmalbild (Kopiervorlage B)

Liebe Eltern,

dieses Heft bildet den Abschluss des Mini-Kurses Stifthaltung. Im Rahmen des Themas „Piratenschiff" wurde Ihrem Kind eine korrekte Stifthaltung auf unterschiedliche Weise spielerisch nähergebracht. Auf den folgenden Seiten sehen Sie, was wir gemeinsam in den letzten Wochen geübt haben, sowie eine Selbsteinschätzung Ihrer Tochter/Ihres Sohnes.
Sie/Er hat diese am ausgefüllt.
Der folgende Song hat uns durch die gemeinsame Piratenschiff-Zeit begleitet. Die im Text genannten Piraten und Piratinnen sind Daumen, Zeigefinger und Mittelfinger, die im Dreipunktgriff den Stift locker, entspannt und beweglich festhalten und führen können. Vielleicht können Sie Ihr Kind in Zukunft und auf dem Weg in die Schule an diesen Song erinnern. Denn eine gute Stift- und Handhaltung – auch der passiven Hand – ebenso wie eine flüssige Stiftführung sind wichtige Fähigkeiten für das Schreibenlernen und für die spätere Entwicklung der persönlichen Handschrift.

Piratensong
1, 2, 3, – Piraten, kommt herbei! (3-mal)
Sie stellen sich jetzt vor
mit Tauen, Steuer und Fernrohr. (2-mal)
Das ist der Schlaue, der hält alle Taue.
Die hält das Steuer, umfährt alle Seeungeheuer.
Im Mastkorb steht der,
dort wackelt's hin und her.
Auf allen unsren Touren
hinterlassen wir schöne Spuren. (2-mal)

Horizontale Linienführung

Meine Selbsteinschätzung:

Ich kann gerade Linien quer über das Blatt zeichnen.

Ich fahre immer mit meinen drei Piratenkindern.

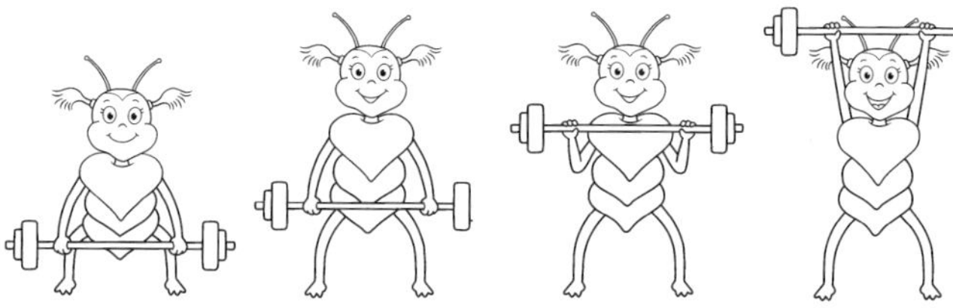

Vertikale Linienführung

Meine Selbsteinschätzung:

Ich kann gerade Linien von oben nach unten und von unten nach oben zeichnen.

Meine Schreibhand ist beim Zeichnen auf dem Blatt.

Felsen umfahren

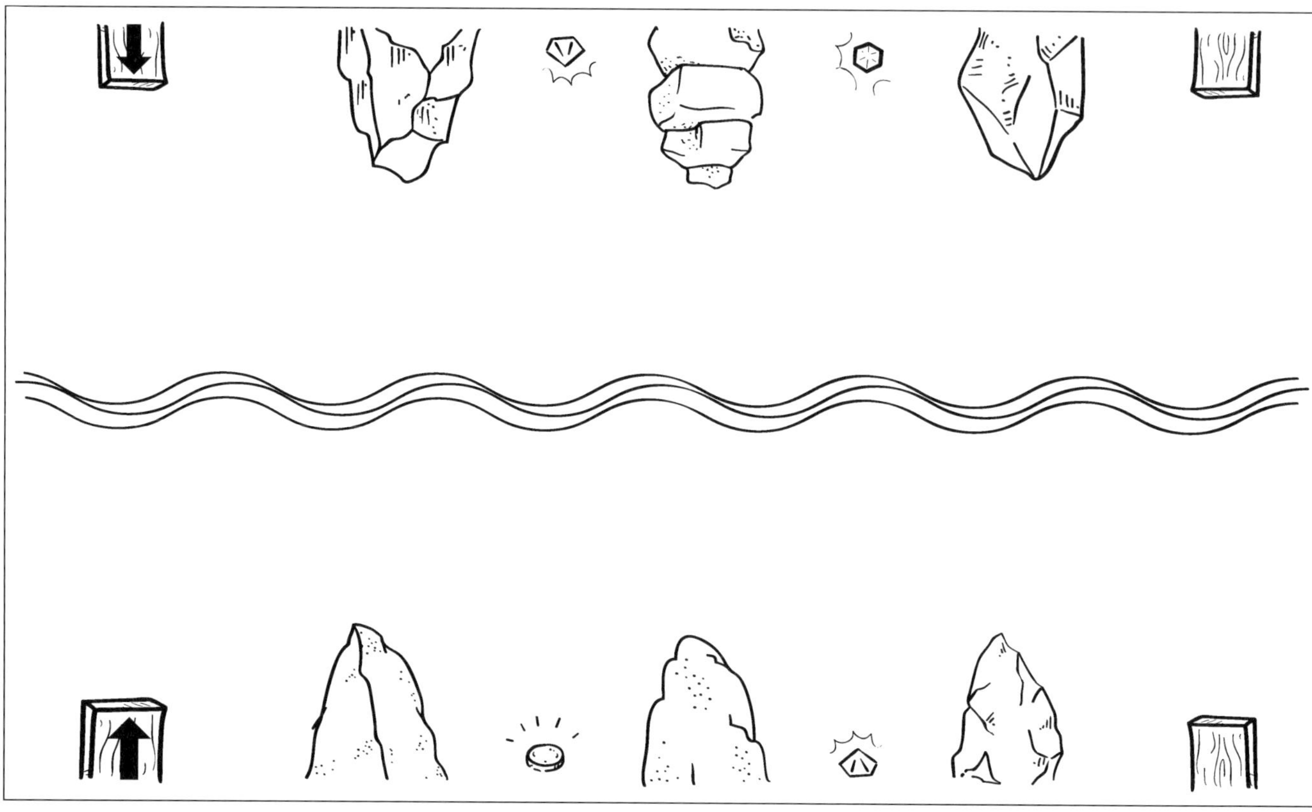

Meine Selbsteinschätzung:

Ich kann die Felsen umfahren.

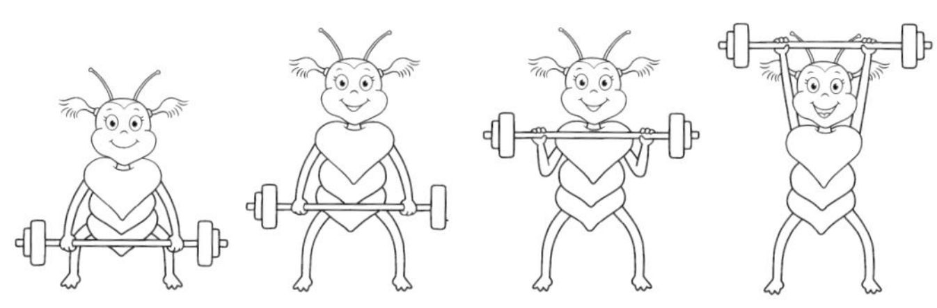

Ich fahre immer mit meinen drei Piratenkindern.

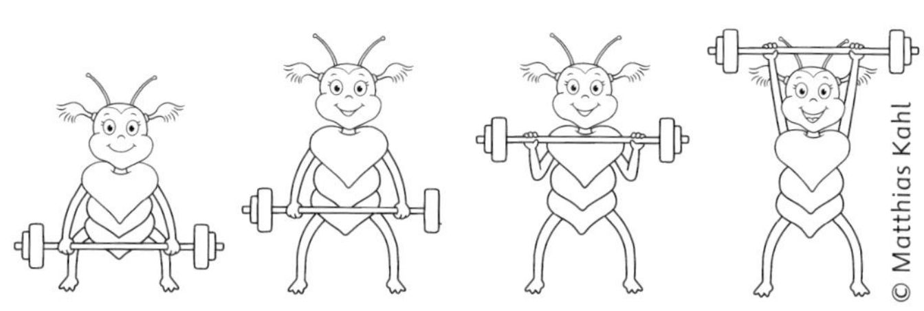

Schlaufen zeichnen

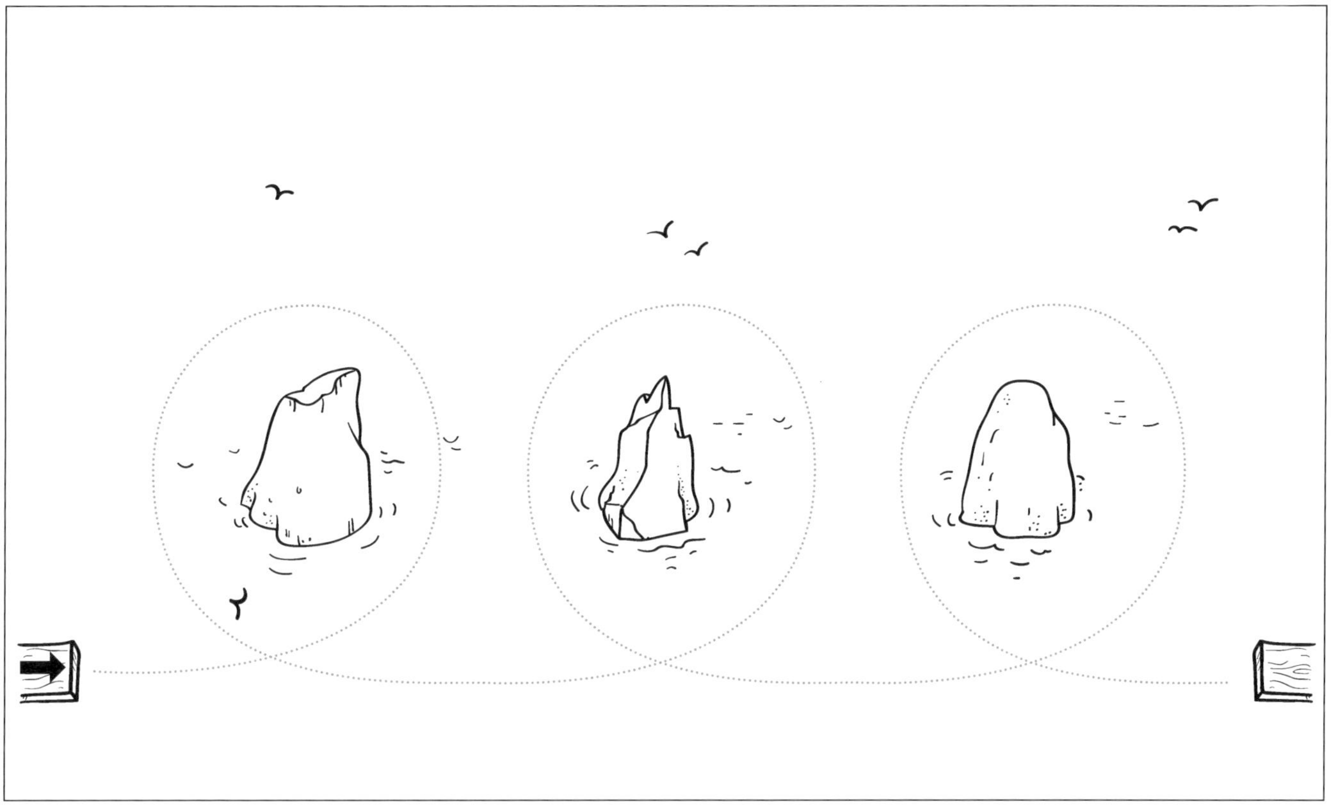

Meine Selbsteinschätzung:

Ich kann die Felsen umfahren.

Ich fahre immer mit meinen drei Piratenkindern.

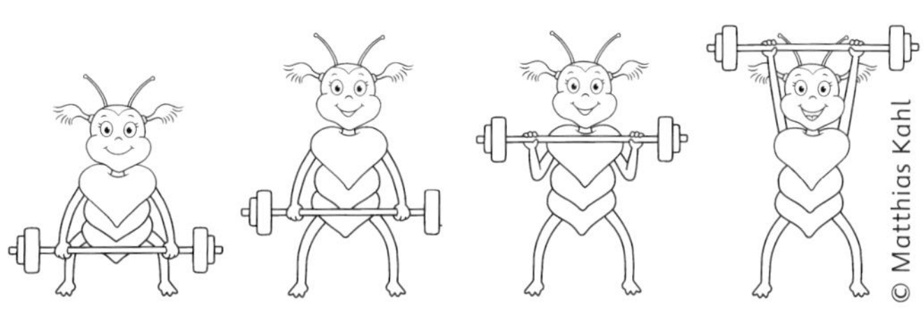

© Matthias Kahl

Literaturverzeichnis und Medientipps

Pauli, Sabine; Kisch, Andrea:
Geschickte Hände. Handgeschicklichkeit bei Kindern. Spielerische Förderung von 4 – 10 Jahren.
Dortmund: verlag modernes lernen, 2019.
ISBN 978-3-8080-0874-4

Schönthaler, Erna (Hrsg.):
Grafomotorik und Händigkeit. Ergotherapie bei Kindern.
Stuttgart: Thieme Verlag, 2020.
ISBN 978-3-13-242844-7

Walter-Laager, C.; Pfiffner, M.; Schwarz, J.:
KiDiT ® Kinder Diagnose Tool.
Winterthur: ProKiga, 2010.
ISBN 978-3905732-56-6

Pauli, Sabine; Kisch, Andrea:
Schreibstörungen bei Kindern erkennen und behandeln. Das Praxisbuch für Therapie und Pädagogik.
Dortmund: verlag modernes lernen, 2018.
ISBN 978-3-8080-0838-6

Pauli, Sabine; Kisch, Andrea:
Spiele zur Förderung der Handgeschicklichkeit und Grafomotorik: Für Therapie und Pädagogik.
Dortmund: verlag modernes lernen, 2022.
ISBN 978-3-8080-0821-8

Pauli, Sabine; Kisch, Andrea:
Ravensburger Feinmotorikkiste. FeinMoKi.
Dortmund: verlag modernes lernen, 2023.
ISBN 978-3-8080-0813-3

Schulgesundheitsdienste der Stadt Zürich,
Richtig sitzen ist Einstellungssache
https://www.stadt-zuerich.ch/ssd/de/index/gesundheit_und_praevention/schularzt/praevention_beratung/gesundheitstipps.html
(zuletzt aufgerufen am 22.01.2024)